KB262447

韓国語

これ一冊で終り

김 문 수 · 최 효 선 공저

한국어

이 한권으로 끝

1945

문예림

>> 김 문 수(金文洙)

약력(略歷) 한양 대학교 졸업. 일본 류우코크대학 석사 과정 수료.
          일본 간사이 대학 박사 과정 수료.
          문학박사. 간사이대학 강사
          漢陽大学卒、日本の龍谷大学修士課程終了。
          日本の関西大学博士課程終了。
          文学博士。関西大学非常勤講師
저서(著書) 한국어 왕래(『韓国語往来』) 일본어 왕래(『日本語往来』)

>> 최 효 선(崔孝先)

약력(略歷) 한양 대학교 졸업. 일본 류우코크대학 석, 박사 과정 수료.
          문학박사. 쿄우토 다치바나대학 강사
          漢陽大学卒、日本の龍谷大学修・博士課程終了。
          文学博士。京都橘大学非常勤講師
저서(著書) 노래로 배우는 일본어 Ⅰ, Ⅱ
          (『歌で習う韓国語Ⅰ』『歌で習う韓国語Ⅱ』)
          노래로 배우는 한국어(『歌で習う韓国語』)

韓国語
これ一冊で終リ

한국어 이 한권으로 끝

초판 인쇄   2015년 4월 1일
초판 발행   2015년 4월 5일

지은이   김문수 · 최효선
발행인   서덕일

펴낸곳   도서출판 문예림
주소   서울시 광진구 능동로 29길 6 문예하우스 101호 (143-837)
전화   (02)499-1281~2
팩스   (02)499-1283
홈페이지   http://www.bookmoon.co.kr
Email   info@bookmoon.co.kr

출판등록   1962년 7월 12일 제 2-110호
ISBN   978-89-7482-841-7 (13730)

前書き

　このテキストは韓国語を学ぼうとする日本人を対象として作られたものです。構成は、1部〈文字〉編、2部〈基本文法〉編、3部〈会話〉編、4部〈長文翻訳〉編、5部〈その他〉編の5部に分けられています。

1 部〈文字〉編では、基本文字24文字と複合文字16文字に続いて発音を完璧に学習するようにしました。

2 部〈基本文法〉編では、全体を7課に分けてそれぞれの主要文型を各課の始めに記し、説明・本文・本文の見なおし・単語・練習問題の順に学習して行くことによって、主要文型がマスターできるように構成しました。

3 部〈会話〉編では、授業中で使われる会話、自己紹介、韓国での旅行会話等、を中心に構成することで、韓国語を習い始めた人でも楽しく韓国語の日常会話が学べるように工夫しました。

4 部〈長文翻訳〉編では、2部の〈文法〉編で学んだ基本文法7課のそれぞれを利用して長文が訳できるように設けました。これで、七課までの文法がどれほど基本であり、なおかつ、要になるものであるかを確かめられるはずです。この課を学習されながら、短い期間内に韓国語がマスターできたという満足感を得られるはずです。

5 部〈その他〉編では、七課までの文法以外によく使われる文法と、熟語、言い方などをまとめて収録しました。

　国際化時代に合わせて韓国語の学習に勵んでいらっしゃる日本の読者の皆さんに、このテキストが韓国語学習の道標になることを願います。

　最後に、良い本作りに力を注いでいらっしゃる文芸林のソウトクイル社長と関係者の皆さんに感謝いたします。

2015年 3月　著 者

目　次

第1部 | 文字偏

第2部 | 基本文法偏

第3部｜会話偏

第4部｜長文翻訳偏

第5部｜その他の文法偏

附録

第1部

文字偏

ハングル総40文字

母音字21文字 

基本母音字10文字

ㅏ	ㅑ	ㅓ	ㅕ	ㅗ	ㅛ
ㅜ	ㅠ	ㅡ	ㅣ		

複母音字11文字

ㅐ	ㅒ	ㅔ	ㅖ	ㅘ	ㅙ
ㅚ	ㅝ	ㅞ	ㅟ	ㅢ	

 子音字19文字

基本子音字14文字

ㄱ	ㄴ	ㄷ	ㄹ	ㅁ	ㅂ	ㅅ
ㅇ	ㅈ	ㅊ	ㅋ	ㅌ	ㅍ	ㅎ

複子音字（濃音）5文字

ㄲ	ㄸ	ㅃ	ㅆ	ㅉ

Ⅰ 基本母音字10文字

基本母音字10文字とその発音

 **1** （横の順）

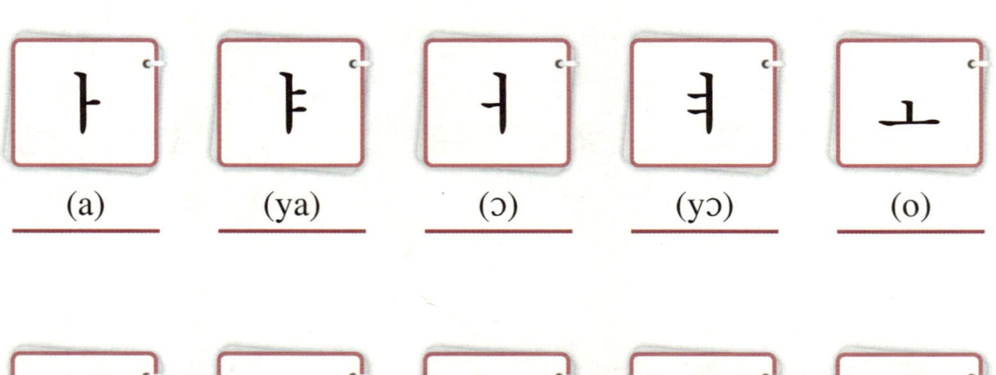

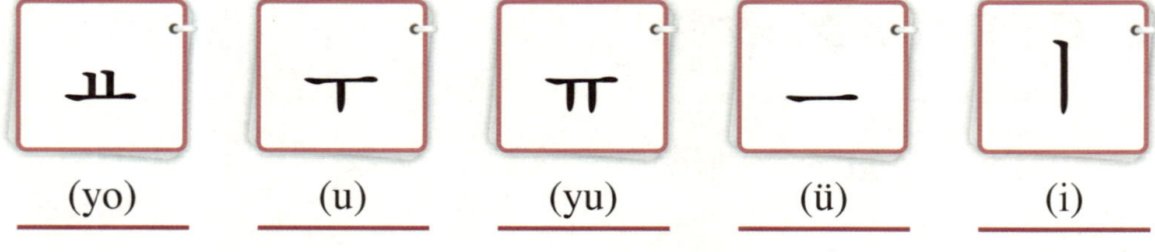

> **注** （ㅓ ㅕ ㅡ）の三つの発音は日本語にはない音です。それで、どうしても発音しにくくなりがちです。しかし、頑張れば必ず、発音できるようになります。

■ 基本母音字10文字の書き順

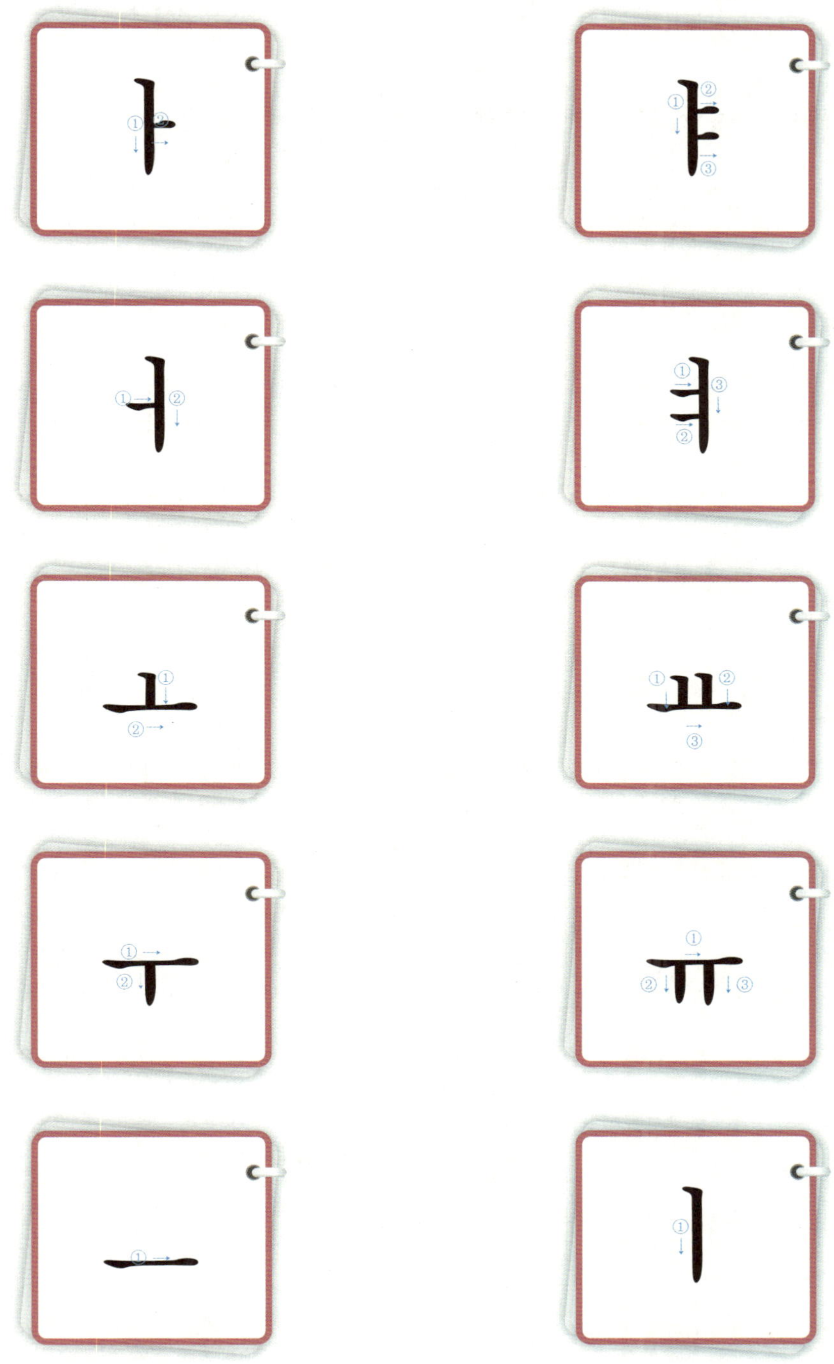

練習問題1

1 次の母音字を、書き順に気をつけながら書いてみましょう。

ㅏ					
ㅑ					
ㅓ					
ㅕ					
ㅗ					
ㅛ					
ㅜ					
ㅠ					
ㅡ					
ㅣ					

2 CDで発音された母音字を次から当ててみましょう。 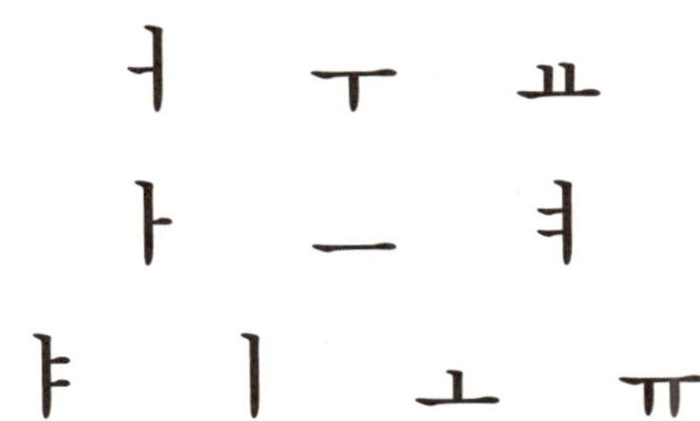

3 CDで発音された母音字を聞きながら書いてみましょう。 🔊 3

4 母音字10文字を覚えられたのか、発音しながら書いてみましょう。

Ⅱ 基本子音字14文字

■ 基本子音字14文字とその発音

◀) 4　（横の順）

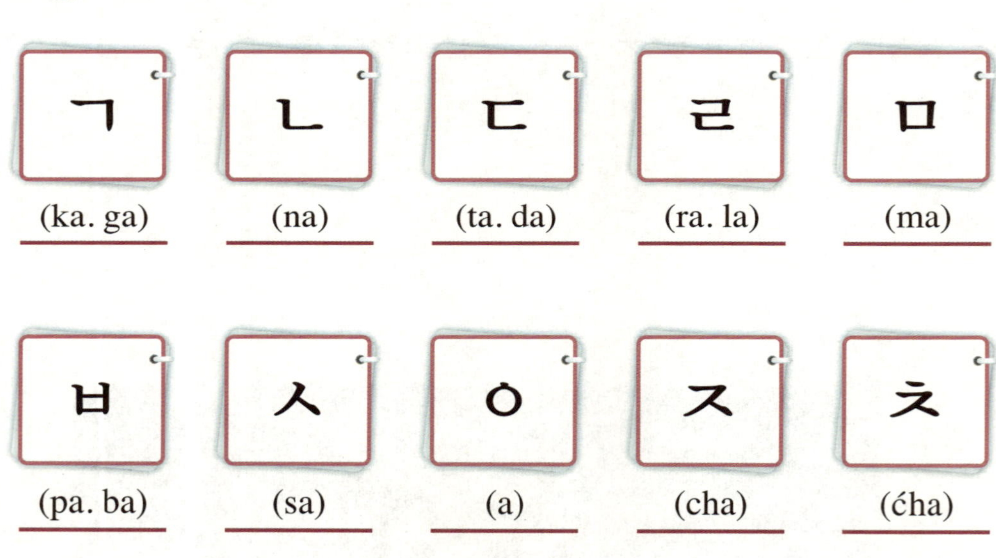

ㄱ	ㄴ	ㄷ	ㄹ	ㅁ
(ka. ga)	(na)	(ta. da)	(ra. la)	(ma)

ㅂ	ㅅ	ㅇ	ㅈ	ㅊ
(pa. ba)	(sa)	(a)	(cha)	(ćha)

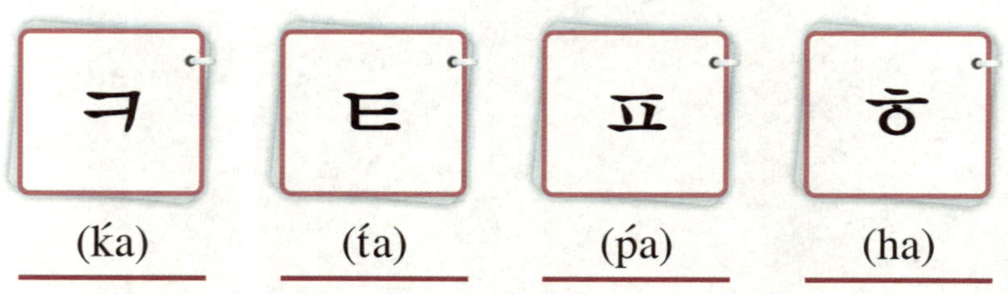

ㅋ	ㅌ	ㅍ	ㅎ
(ḱa)	(t́a)	(ṕa)	(ha)

基本子音字14文字の書き順

1 次の子音字を、書き順に気をつけながら書いてみましょう。

ㄱ						
ㄴ						
ㄷ						
ㄹ						
ㅁ						
ㅂ						
ㅅ						
ㅇ						
ㅈ						
ㅊ						
ㅋ						
ㅌ						
ㅍ						
ㅎ						

ス ㄴ ㅌ

ㅂ ㅍ ㄱ

ㄹ ㅁ ㅇ ㅋ

ㄷ ㅎ ㅊ ㅅ

3 CDで発音された子音字を聞きながら書いてみましょう。 6

4 子音字14文字を覚えられたのか、発音しながら書いてみましょう。

🔷 子音字と母音字の組み立て表

	ㅏ	ㅑ	ㅓ	ㅕ	ㅗ	ㅛ	ㅜ	ㅠ	ㅡ	ㅣ
ㄱ	가	갸	거	겨	고	교	구	규	그	기
ㄴ	나	냐	너	녀	노	뇨	누	뉴	느	니
ㄷ	다	댜	더	뎌	도	됴	두	듀	드	디
ㄹ	라	랴	러	려	로	료	루	류	르	리
ㅁ	마	먀	머	며	모	묘	무	뮤	므	미
ㅂ	바	뱌	버	벼	보	뵤	부	뷰	브	비
ㅅ	사	샤	서	셔	소	쇼	수	슈	스	시
ㅇ	아	야	어	여	오	요	우	유	으	이
ㅈ	자	쟈	저	져	조	죠	주	쥬	즈	지
ㅊ	차	챠	처	쳐	초	쵸	추	츄	츠	치
ㅋ	카	캬	커	켜	코	쿄	쿠	큐	크	키
ㅌ	타	탸	터	텨	토	툐	투	튜	트	티
ㅍ	파	퍄	퍼	펴	포	표	푸	퓨	프	피
ㅎ	하	햐	허	혀	호	효	후	휴	흐	히

一．文字の組み立て

ハングルは母音字と子音字を組み立てて始めて文字となります。その組み立て方は基本的に子音字が左に来て母音字が右に来るか、または、子音字が上に来て母音字が下に来るという二つの形があります（その完成表は前のページの通りです）。

例

子音字(左) ＋ 母音字(右)　　　　아　야　어　여　이

子音字(上) ＋ 母音字(下)　　　　오　요　우　유　으

練習問題3

1. 母音字と子音字を組み合わせてみましょう。発音にも気をつけてください。

	ㅏ	ㅑ	ㅓ	ㅕ	ㅗ	ㅛ	ㅜ	ㅠ	ㅡ	ㅣ
ㄱ										
ㄴ										
ㄷ										
ㄹ										
ㅁ										
ㅂ										
ㅅ										
ㅇ										
ㅈ										
ㅊ										
ㅋ										
ㅌ										

	ㅏ	ㅑ	ㅓ	ㅕ	ㅗ	ㅛ	ㅜ	ㅠ	ㅡ	ㅣ
ㅍ										
ㅎ										

2 CDで発音された文字を次から当ててみましょう。 🔊 8

쟈 츠 터

휴 자 기

류 며 으 큐

키 효 추 스

3 CDで発音された文字を書いてみましょう。 🔊 9

4 今まで習った母音字と子音字の組み合わせで単語を発音しながら覚えましょう。 🔊 10

① 아버지(お父さん) → 지도(地図) → 도로(道路) → 로마(ローマ) → 마시다(飲む) → 다리(足・橋) → 리치(リッチ) → 치마(スカート) → 마이크(マイク) → 크리스마스(クリスマス) → 스포츠(スポーツ)

② 하모니(ハーモニー) → 니스(ニス) → 스파이(スパイ) → 이모(母方の女兄弟) → 모자(帽子) → 자리(席)

③ 브라보(ブラボー) → 보기(例) → 기어코(遂に・必ず) → 코치(コーチ) → 치마 저고리(チマチョゴリ)

5 CDで発音された文字を書いてみましょう。 🔊 11

複母音字11文字

複母音字は(基本母音字＋基本母音字)という形を取ります。

例

ㅏ + ㅣ	→	ㅐ
ㅑ + ㅣ	→	ㅒ
ㅓ + ㅣ	→	ㅔ
ㅕ + ㅣ	→	ㅖ
ㅗ + ㅏ	→	ㅘ
ㅗ + ㅐ	→	ㅙ
ㅗ + ㅣ	→	ㅚ
ㅜ + ㅓ	→	ㅝ
ㅜ + ㅔ	→	ㅞ
ㅜ + ㅣ	→	ㅟ
ㅡ + ㅣ	→	ㅢ

複母音字11文字とその発音

🔊 12 (横の順)

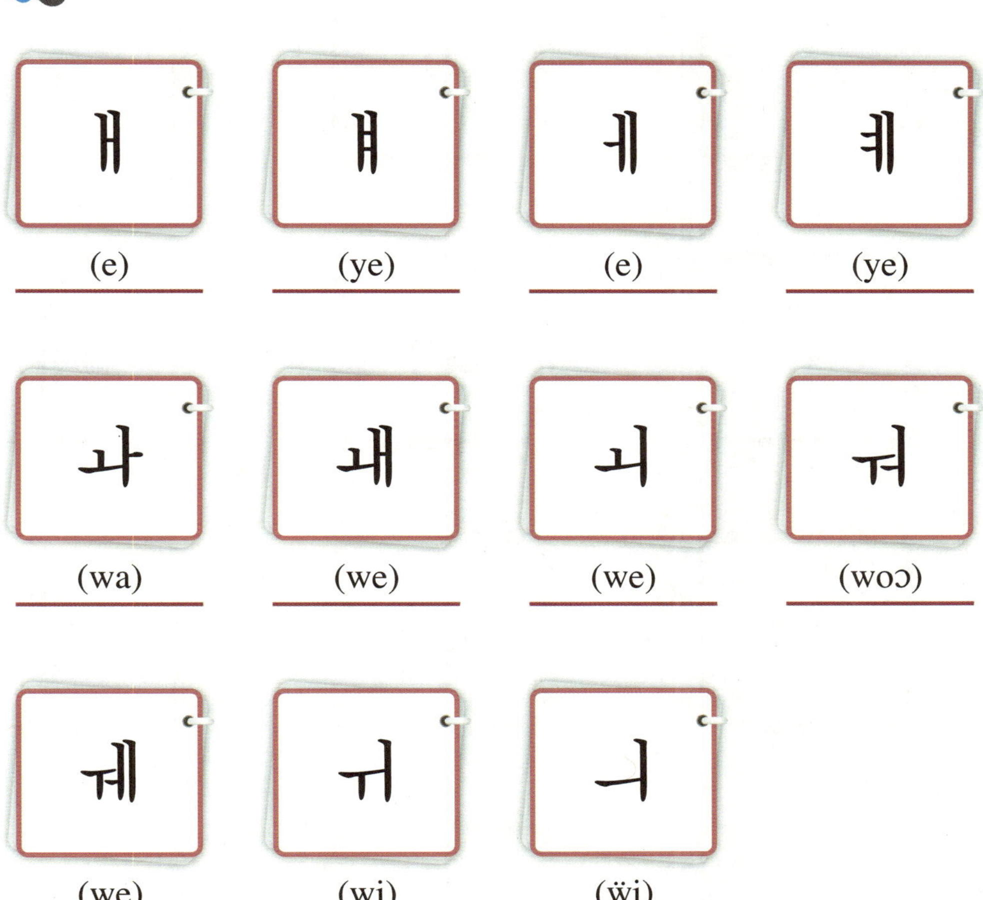

注　日本語に無い音は発音しにくいものです。しっかり聞いて微妙な発音を把握しておきましょう。慣れるまで時間がかかりますので、焦らず、地道に練習していただきたいものです。

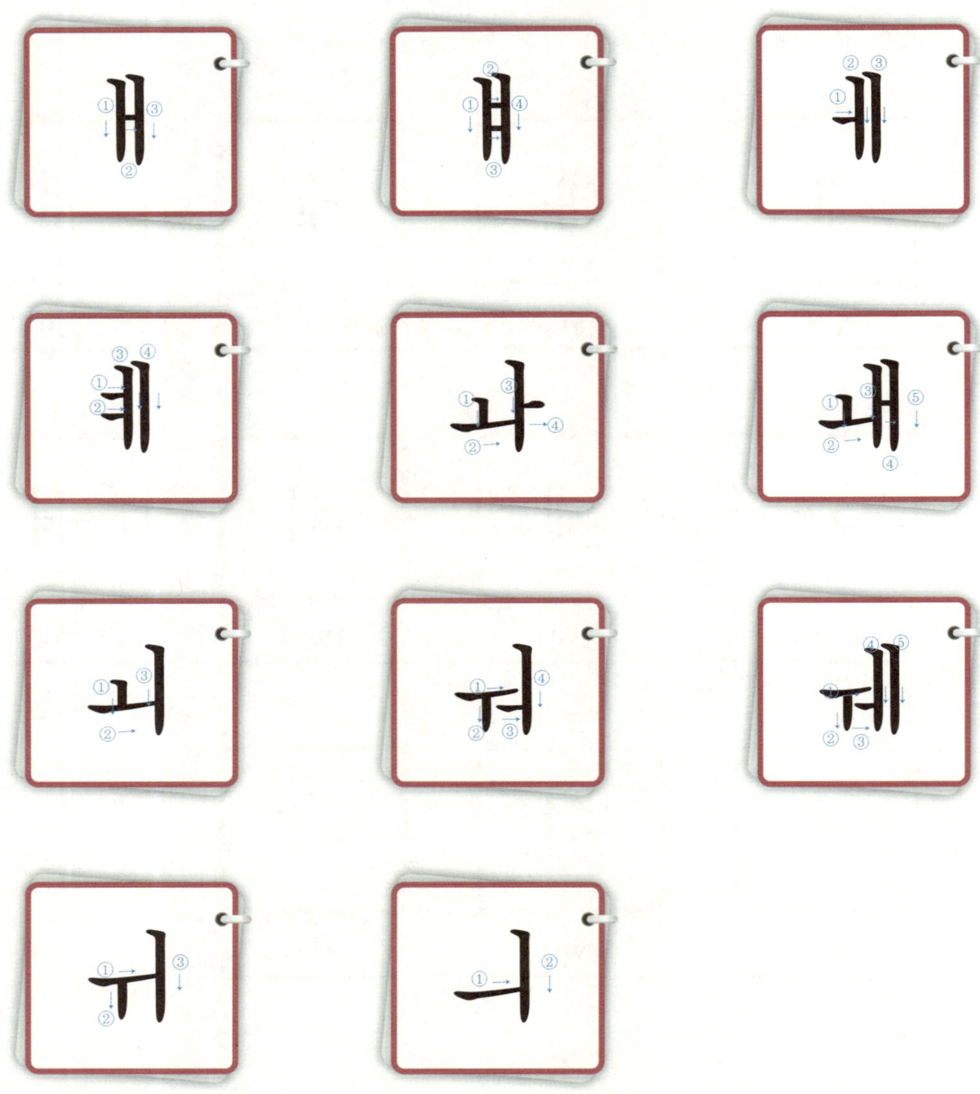

🟦 子音字と複母音字の組み立て表

	ㅐ	ㅒ	ㅔ	ㅖ	ㅘ	ㅙ	ㅚ	ㅝ	ㅞ	ㅟ	ㅢ
ㄱ	개	걔	게	계	과	괘	괴	궈	궤	귀	긔
ㄴ	내	냬	네	녜	놔	놰	뇌	눠	눼	뉘	늬
ㄷ	대	댸	데	뎨	돠	돼	되	둬	뒈	뒤	듸
ㄹ	래	럐	레	례	롸	뢔	뢰	뤄	뤠	뤼	릐
ㅁ	매	먜	메	몌	뫄	뫠	뫼	뭐	뭬	뮈	믜
ㅂ	배	뱨	베	볘	봐	봬	뵈	붜	붸	뷔	븨
ㅅ	새	섀	세	셰	솨	쇄	쇠	숴	쉐	쉬	싀
ㅇ	애	얘	에	예	와	왜	외	워	웨	위	의
ㅈ	재	쟤	제	졔	좌	좨	죄	줘	줴	쥐	즤
ㅊ	채	챼	체	쳬	촤	쵀	최	춰	췌	취	츼
ㅋ	캐	컈	케	켸	콰	쾌	쾨	쿼	퀘	퀴	킈
ㅌ	태	턔	테	톄	톼	퇘	퇴	퉈	퉤	튀	틔
ㅍ	패	퍠	페	폐	퐈	퐤	푀	풔	풰	퓌	픠
ㅎ	해	햬	헤	혜	화	홰	회	훠	훼	휘	희

発音がとても難しいでしょう。しかし、ご安心ください。この中には使われない文字もたくさんあります。

母音字と子音字の組み合わせができるように、また、使われてはいないが、発音ができるかどうかのための訓練でした。

それでは、練習問題を通じて習ったものをしっかり覚えているのか確認しましょう。

練習問題4

1 次の複母音字を発音しながら書いてみましょう。

ㅐ					
ㅒ					
ㅔ					
ㅖ					
ㅘ					
ㅙ					
ㅚ					
ㅝ					
ㅞ					
ㅟ					
ㅢ					

2 今度は、子音字と複母音字を組み立ててみましょう。発音もしながら書きましょう。

	ㅐ	ㅒ	ㅔ	ㅖ	ㅘ	ㅙ	ㅚ	ㅝ	ㅞ	ㅟ	ㅢ
ㄱ											
ㄴ											
ㄷ											
ㄹ											
ㅁ											
ㅂ											
ㅅ											
ㅇ											
ㅈ											
ㅊ											
ㅋ											
ㅌ											
ㅍ											
ㅎ											

3 CDで発音された複母音字を次から当ててみましょう。 🔊14

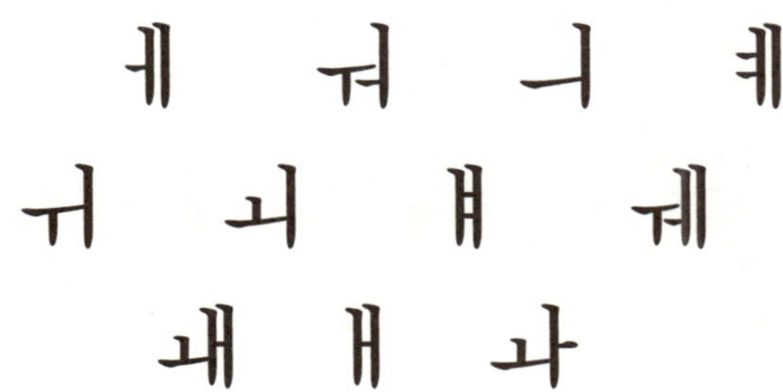

4 CDで発音された母音字を聞きながら書いてみましょう。 🔊15

5 複母音字11文字を覚えられたのか、発音しながら書いてみましょう。

6 次の文字を発音してみましょう。 🔊16

개나리　네　예　개미　아테네　도레미파

7 CDで発音された文字を聞きながら書いてみましょう。 🔊17

Ⅳ 複子音字(濃音)5文字

基本子音字14文字以外に複子音字5文字があります。複子音字は濃い音を出すということで＜濃音＞ともいいます。

複子音字(濃音)5文字とその発音

18 (横の順)

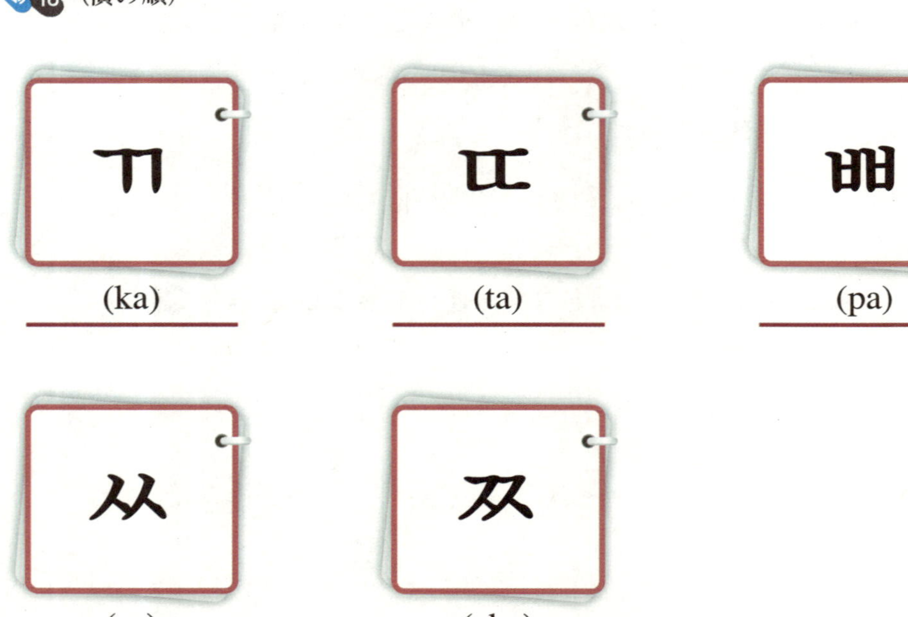

注　ハングルには日本語の発音には無い発音が多くあります。上記の複子音字5文字もやはり日本語には無い音ですので、どうしても発音しにくいものです。
CDを聞きながら繰り返し、発音の練習を重ねる必要があります。

🔷 複子音字（濃音）5文字の書き順

🔷 複子音字と基本母音字の組み立て表

19　（横の順）

	ㅏ	ㅑ	ㅓ	ㅕ	ㅗ	ㅛ	ㅜ	ㅠ	ㅡ	ㅣ
ㄲ	까	꺄	꺼	껴	꼬	꾜	꾸	뀨	끄	끼
ㄸ	따	땨	떠	뗘	또	뚀	뚜	뜌	뜨	띠
ㅃ	빠	뺘	뻐	뼈	뽀	뾰	뿌	쀼	쁘	삐
ㅆ	싸	쌰	써	쎠	쏘	쑈	쑤	쓔	쓰	씨
ㅉ	짜	쨔	쩌	쪄	쪼	쬬	쭈	쮸	쯔	찌

 **一．平音・激音・濃音**

＜ㄲ ㄸ ㅃ ㅆ ㅉ＞の濃音と発音が似ている子音字に激音と平音があります。それらを比較しながら発音を覚えましょう。

 20 （縦の順＋横の順）

平音	ㄱ	ㄷ	ㅂ	ㅅ	ㅈ
激音	ㅋ	ㅌ	ㅍ		ㅊ
濃音	ㄲ	ㄸ	ㅃ	ㅆ	ㅉ

 発音のやり方。

＜平音＞ 普通にしゃべるような感じで、力を入れず発音する。

＜激音＞ 空気を喉から強く出しながら発音する。

＜濃音＞ 空気を出さず、喉に何か詰まったような感じで発音する。発音する前に小さい
　　　　＜ン＞、もしくは小さい＜ツ＞を入れるような気持ちで発音するのも一つの方
　　　　法。

一. 子音字の呼び方

次に、子音字のそれぞれの呼び方をまとめて置きます。これらの呼び方を覚えておくと、後で出てくる＜パッチム＞の発音に大変役立ちます。

ㄱ	기윽(기역)	ㅇ	이응	ㄲ	쌍기윽
ㄴ	니은	ㅈ	지읒	ㄸ	쌍디은
ㄷ	디은(디귿)	ㅊ	치읓	ㅃ	쌍비읍
ㄹ	리을	ㅋ	키읔	ㅆ	쌍시읏
ㅁ	미음	ㅌ	티읕	ㅉ	쌍지읒
ㅂ	비읍	ㅍ	피읖		
ㅅ	시읏(시옷)	ㅎ	히읗		

1 次の複子音字を発音しながら書いてみましょう。

ㄲ					
ㄸ					
ㅃ					
ㅆ					
ㅉ					

2 基本母音字と複子音字を組み合わせてみましょう。発音にも気をつけてくだ
さい。

	ㅏ	ㅑ	ㅓ	ㅕ	ㅗ	ㅛ	ㅜ	ㅠ	ㅡ	ㅣ
ㄲ										
ㄸ										
ㅃ										
ㅆ										
ㅉ										

3 複母音字と複子音字を組み合わせてみましょう。発音にも気をつけてください。

	ㅐ	ㅒ	ㅔ	ㅖ	ㅘ	ㅙ	ㅚ	ㅝ	ㅞ	ㅟ	ㅢ
ㄲ											
ㄸ											
ㅃ											
ㅆ											
ㅉ											

4 空いた所を埋めましょう。

平音				
激音				
濃音				

5 次の単語を発音しましょう。

아프다. 크다. 빠르다. 비싸다. 떠나다. 짜다.

6 CDで発音された子音字を次から当ててみましょう。 🔊 **21**

ㅆ　ㅈ　ㅍ　ㄲ

ㅌ　ㅉ　ㅃ　ㅅ　ㅊ

ㄷ　ㅋ　ㄱ　ㄸ　ㅂ

7 CDを聞きながら聞き書きしましょう。 🔊 **22**

8 ひらがな50文字をハングルで表記してみましょう。

あ	か	さ	た	な	は	ま	や	ら	わ
い	き	し	ち	に	ひ	み		り	
う	く	す	つ	ぬ	ふ	む	ゆ	る	
え	け	せ	て	ね	へ	め		れ	
お	こ	そ	と	の	ほ	も	よ	ろ	

9 次の日本語をハングルで書きましょう。

犬	テニス	打つ	なぜ	消す
お茶	花	北野	野村	鈴木
小森	長井	中西	靴	仕上げ

10 自分の名前をハングルで書きましょう。

Ⅴ　バッチム(받침)

繰り返しますが、ハングルは子音字、もしくは、母音字だけでは文字といえません。＜子音字＋母音字＞、または、＜子音字＋母音字＋子音字＞の組み合せによって始めて文字となります。

今までのバッチム以前の文字編では、＜子音字＋母音字＞の組み合せについて勉強してきました。これからはそれに子音字がもう一つ加わる形を学習します。

つまり、＜子音字＋母音字＋子音字＞の形です。ここで、最後の子音字をバッチムといいます。＜子音字＋母音字＞の後（下）に来て、前の＜子音字＋母音字＞を下から支えるという意味で、日本語で訳すと＜支え＞になります。これは日本語の＜ン＞に似たようなものですが、何種類ものの音があります。

バッチムが終わるとすべての韓国文字が読めるようになります。文字編の最後の段階ですので、もう少し頑張りましょう。

一．バッチムの構成

<子音字＋母音字＋子音字>の構成には、次の3種類があります。

① 子音字	② 母音字
③ 子音字（パッチム）	

例 집안

장날

상

낮

① 子音字
② 母音字
③ 子音字（パッチム）

例 국물

술국

독

측근

① 子音字
② 母音字
③ 子音字（パッチム）

例 원

월광

꽝

 **注** 次のような組み合わせです。

- 집(ㅈ＋ㅣ＋ㅂ)　안(ㅇ＋ㅏ＋ㄴ)
- 국(ㄱ＋ㅜ＋ㄱ)　물(ㅁ＋ㅜ＋ㄹ)
- 월(ㅇ＋ㅝ＋ㄹ)　광(ㄱ＋ㅘ＋ㅇ)

一. バッチムの発音表

子音字	発音	例
ㄱ ㅋ ㄲ	ハッカの 〈ッ〉k	약국 목표 부엌 낚시 밖 떡국
ㄴ	パンダの 〈ン〉n	신부 잔디 혼전 안주 문 전기
ㄷ ㅌ ㅅ ㅆ ㅈ ㅊ ㅎ	バッタの 〈ッ〉t	듣다 붙다 벚꽃 갔다 낮 낮 숯 솥
ㄹ	〈ル〉l	불놀이 물레 서울 발 팔
ㅁ	アンマの 〈ン〉m	감사 담 사람 몸 마음
ㅂ ㅍ	ラッパの 〈ッ〉p	밥 입 높다 옆집 잎사귀
ㅇ	リンゴの 〈ン〉ŋ	사랑 생사 강 고향 무궁화 낭패 승늉

基本子音字14文字＜ㄱㄴㄷㄹㅁㅂㅅㅇㅈㅊㅋㅌㅍㅎ＞と、複子音字5文字＜ㄲㄸㅃ ㅆ ㅉ＞の19文字の中で、＜ㄸ ㅃ ㅉ＞を除く16文字がバッチムとして使われます。それを表にまとめると上のようになります。

次の四つの単語の発音を練習しましょう。この四つの単語に、バッチムに関する全ての発音が含まれています。発音の練習が終わったら、しっかり覚えたのかどうか、括弧の中の単語を発音することで確認してください。

① 선생님 (안녕하세요 사장님 검사 생선)
② 국밥 (석식 저녁 집 봅시다)
③ 서울 (빨리 글자 설날 일)
④ 벗꽃 (짓다 받다 샀다 낮)

バッチムが二文字の場合は、右の方の子音字を発音するか、もしくは、左の方の子音字を発音するか、それぞれの単語によって読み方が決まっています。単語と発音の両方を覚える必要があります。

（右の方の子音字を発音するバッチム）
ㄺ → ㄱ[k] ㄻ → ㅁ[m] ㄿ → ㅍ[p]
（左の方の子音字を発音するバッチム）
ㄳ → ㄱ[k] ㄵ, ㄶ → ㄴ[n]
ㄼ, ㄽ, ㄾ, ㅀ → ㄹ[l] ㅄ → ㅂ[p]

一．発音法則

これまでの学習で、ハングル40文字とバッチムはすべて終わりました。しかし全く複雑なことに、ハングルの読みは書いてある通りの発音と少し異なる場合が多いです。その理由は次のとおりです。

一．バッチムがあるため。

一．＜ㄱ, ㄷ, ㅂ, ㅅ, ㅈ＞の系列が多いため（つまり、激音である＜ㅋ, ㅌ, ㅍ, ㅊ＞と、濃音である＜ㄲ, ㄸ, ㅃ, ㅆ, ㅉ＞があるため）。

一．＜ㅎ＞のため。

以上の理由でハングルの読みがややこしくなるのです。しかし、これには次に説明するように何種類かの法則があります。法則といってもすべてが発音しやすくするための変化です。始めは混同するはずですが、繰り返し練習すればすぐクリアできるものです。
それでは、読みの変化をまとめて置きましょう。

1．連音化

バッチムの次に子音字＜ㅇ＞が来る場合、バッチムの子音字は次の子音字である＜ㅇ＞を追い払い、＜ㅇ＞場所に移動します。バッチムが二つの場合は、二つ目のバッチムが移動します。

 **25**

먹어(食べて) → 머거　　　낮이(お昼が) → 나지

같은(同じ) → 가튼　　　높이(高さ) → 노피

꽃이(花が) → 꼬치　　　넋이(魂が) → 넉시

닭이(庭鳥が) → 달기　　핥아(なめて) → 할타

값을(値段を) → 갑슬　　읊어(詠んで) → 을퍼

부엌에(台所に) → 부어케

連音化は、名詞＋助詞、名詞＋語尾、連体形、連用形の時に起るのが基本です。したがって、名詞＋名詞、名詞＋動詞、副詞の場合はまた、違う変化をします。

① ㅅ, ㅈ, ㅊ, ㅌは〈ㄷ〉に変化します。　

　　옷안(服の中) → 오단　　　　　　젖어미(乳母) → 저더미

　　꽃앞(花の前) → 꼬답　　　　　　바깥어른(主人) → 바까더른

② ㄷ, ㅌは〈ㅈ, ㅊ〉に変化します。　

　　같이(一緒に) → 가치　　　　　　굳이(敢えて) → 구지

　　밭이(畑が) → 바치　　　　　　　미닫이(引き戸) → 미다지

③ ㅄ, ㅍは〈ㅂ〉に変化します。　

　　값오르다(音が上がる) → 가보르다

　　헝겊오라기(布着れ) → 헝거보라기

④ ㄲ, ㄳ, ㄺ, ㅋは〈ㄱ〉に変化します。

　　넋없이(呆然と) → 너겁시　　　　칡오리(葛の鴨) → 치고리

　　부엌앞(台所の前) → 부어갑

⑤ ㄽはに〈ㄹ〉変化します。

　　돐안(1歳の内) → 도란

2. 有声音化（＝濁音化）

韓国語には基本的に濁音はありません。あるのは、子音字で学習したように〈平音・激音・濃音〉です。ところで、平音の〈ㄱ, ㄷ, ㅂ, ㅈ〉が母音字、もしくは、〈ㄴ, ㄹ, ㅁ, ㅇ〉の後に続くと、その発音が柔らかく変わります。これを有声音化（濁音化）といいます。

ㄱ 〈ka → ga〉	ㄷ 〈ta → da〉
ㅂ 〈pa → ba〉	ㅈ 〈ta → da〉

① 母音字＋〈ㄱ，ㄷ，ㅂ，ㅈ〉　🔊 31

바구니(籠) [paguni]　　　고기(お肉) [kogi]

버들(柳) [podl]　　　구두(くつ) [kudu]

나비(蝶々) [nabi]　　　바보(ばか) [pabo]

소주(焼酎) [sozu]

마주보다(向い合う) [mazu boda]

② 〈ㄴ，ㄹ，ㅁ，ㅇ〉のパッチム＋〈ㄱ，ㄷ，ㅂ，ㅈ〉　🔊 32

안주(酒のつまみ) [anzu]　　　한국(韓国) [hanguk]

일본(日本) [ilbon]　　　살다(住む) [salda]

감기(風邪) [kamgi]　　　담배(タバコ) [tambe]

성공(成功) [songong]　　　상담(相談) [sangdam]

3．濃音化

〈ㅎ〉以外の全てのパッチムの次に〈ㄱ，ㄷ，ㅂ，ㅅ，ㅈ〉が来ると、それは濃音に変わって〈ㄲ，ㄸ，ㅃ，ㅆ，ㅉ〉となります。

🔊 33　떡국(お雑煮) → 떡꾹　　　학교(学校) → 학꾜

신다(履く) → 신따　　　곧바로(まっすぐ) → 곧빠로

발달(発達) → 발딸　　　볼기회(見る機会) → 볼끼회

심다(植える) → 심따　　　젊다(若い) → 점따

밥그릇(お椀) → 밥끄릇　　　옷감(生地) → 옷깜

있다(いる) → 있따　　　등불(灯火) → 등뿔

상장(賞状) → 상짱　　　낮잠(昼寝) → 낮짬

숯불(炭火) → 숯뿔　　　앞집(前の家) → 앞찝

4.〈ㅎ〉の場合

〈ㅎ〉は存在感が無いので発音しない場合が多いです。それには二つの形があります。つまり、
＜バッチムとして来る場合＞と＜文字始めの子音字として来る場合＞です。

① バッチムとして来る場合

〈ㅎ〉がバッチムとして来る場合、それは必ず取れます。つまり、バッチムが無いと
考えてください。それから次の文字の子音子に＜ㄱ, ㄷ,ㅂ, ㅅ, ㅈ〉が来ると、それを
それぞれ＜ㅋ, ㅌ, ㅍ, ㅆ, ㅊ〉に変えます。

34 좋아요(いいです) → 조아요   옳은(正しい) → 오른
　　 어떻게(どうして) → 어떠케   낳다(生む) → 나타
　　 좋습니다(いいです) → 조씀니다

② 文字始めの子音字として来る場合

この場合の〈ㅎ〉は音が無くなります。従って、前にバッチムがあるとそのバッチム
は〈ㅎ〉の場所に移動します。ところで前にあるバッチムが＜ㄱ, ㄷ, ㅂ, ㅅ, ㅈ〉であ
る場合は、それぞれ＜ㅋ, ㅌ(ㅊ), ㅍ, ㅌ, ㅊ(ㅌ)〉に音を変化させます。

35 저희(私達) → 저의   너희들(君達) → 너의들
　　 전화(電話) → 저놔   결혼(結婚) → 겨론
　　 점화(点火) → 저마   열심히(一所懸命に) → 열시미
　　 안녕히(無事に) → 안녕이   육회(ユッケ) → 유쾨
　　 묻히다(埋まる) → 무치다   입학(入学) → 이팍
　　 깨끗하다(清潔だ) → 깨끄타다
　　 맞히다(当てる) → 마치다

5. 鼻音化

먹는다(食べる) → 멍는다　　　　　한국말(韓国語) → 한궁말

닫는다(締める) → 단는다　　　　　맏며느리(長男の嫁) → 만며느리

십년(十年) → 심년　　　　　　　　입니다(です) → 임니다

맛나다(おいしい) → 만나다　　　　웃목(下座) → 운목

젖냄새(乳の臭い) → 전냄새　　　　몇년(何年) → 면년

극락(極楽) → 긍낙　　　　　　　　몇리(何里) → 면니

십리(十里) → 심니

침략(侵略) → 침냑　　　　　　　　심리(心理) → 심니

상류(上流) → 상뉴　　　　　　　　망령(ボケ) → 망녕

6. 舌側音化

① バッチム〈ㄴ〉の次に〈ㄹ〉が来ると、〈ㄴ〉は〈ㄹ〉に変化します。

반란(反乱) → 발란　　　　　신라(新羅) → 실라

언론(言論) → 얼론　　　　　천리(千里) → 철리

한류(韓流) → 할류　　　　　칼날(刃) → 칼랄

불놀이(火遊び) → 불로리　　일년(一年) → 일련

② バッチム〈ㅁ, ㅇ〉の次に〈ㄹ〉が来ると、〈ㄹ〉は〈ㄴ〉に変化します。

염려(心配) → 염녀　　　　　심리(心理) → 심니

궁리(工夫) → 궁니　　　　　총망라(総網羅) → 총망나

注　これでハンクル文字の学習は終わりました。後は、繰り返して読む練習を重ねることです。その際、好きな歌の歌詞を読み覚えることが複雑な発音法則に慣れて行く近道であることを推薦します。

練習問題6

1 次の文章を読んで、音のままに書きましょう。

🔊 41

갔어요　거짓말　없다　순리　어떡해요　아름답다

2 次の文章をしっかり読み上げましょう。

🔊 42

① 사랑 → 랑데뷰 → 부탁 → 탁자 → 자신감 → 감사 → 사물놀이 → 이사 → 사은품 → 품질 → 질문 → 문제 → 제사 → 사이비 종교 → 교문 앞 → 앞과 뒤 → 뒤범벅 → 벅찬 기쁨

② 학교 → 교과서 → 서울 → 울다 → 다음 이야기 → 기말 시험 → 험악 → 악마 → 마침 → 침식 제공 → 공부 → 부인 → 인사 → 사회 현상 → 상부상조 → 조합 → 합병 → 병원 → 원장 → 장마철 → 철새

3 次の歌詞を音のままに書いてみましょう。また、歌を聴いて聞きとりの練習もしましょう。

🔊 43

난 바람이라면	넌 눈물인가봐
난 이슬이라면	넌 꽃잎인가봐
부르지도 마	나의 이름을

이젠 정말   들리지 않아

생각지도 마   지난 일들을

돌아 누운   우리 사랑을

난 사랑이라면   넌 이별인가봐

난 하늘이라면   넌 구름인가봐

(제목―〈난 바란 넌 눈물〉)

(題名―〈私は風、君は涙〉)

4 ハングルは全部で何文字ですか？

5 ハングルの全文字を発音しながら書いてみましょう。その際、子音字と母音字、それから複子音字と複母音字など、グループ別に書いていきましょう。

6 バッチムの総括としてこのテキストであげた四つの単語は何でしたか？

1. 암송暗唱/ 송이房/ 이 사람이요この人がですね/ 요점要点/ 점수点数/ 수학数学/ 학교学校/ 교실教室/ 실내室内/ 내일明日/ 일정日程/ 정말本當/ 말썽장이いたずらこ/ 이빨歯/ 빨리早く /이사引っ越し

2. 꽃잎花びら/ 잎사귀葉っぱ/ 귀신鬼神/ 신난다嬉しい・ウキウキ/ 다리足・橋/ 이상以上・理想/ 상위권上位圈/ 권력権力/ 역앞駅前/ 앞집前の家/ 집안家の中/ 안내案内/ 내무内務/ 무역貿易/ 역 근처駅の近所/ 처가妻の実家

3. 치마スカート/ 마귀魔鬼/ 귀속帰属/ 속마음心の中/ 음식食べ物/ 식사食事/ 사장社長/ 장사商売/ 사무원事務員/ 원생院生/ 생활生活/ 활동活動/ 동작動作/ 작업作業/ 업무業務/ 무사武者

4. 졸업卒業/ 업다おんぶする/ 다시마昆布/ 마이동풍馬耳東風(馬の耳に念佛)/ 풍경風景/ 경치景色/ 치안治安/ 안전安全/ 전차電車/ 차장車掌/ 장군将軍/ 군사軍事/ 사령관司令官/ 관계関係/ 계속継続/ 속박束縛

6. 세금税金/금지禁止/ 지면地面/ 면역免疫/ 역활役割/ 활발活発/ 발달発達/ 달성達成/ 성공成功/ 공사工事/ 사원 식당社員食堂/ 당첨当選/ 첨부添付/ 부하部下/ 하수도下水道/ 도리道理

7. 형제兄弟/ 제조製造/ 조합組合/ 합동合同/ 동작動作/ 작품作品/ 품질品質/ 질문質問/ 문제問題/ 제사法事/ 사교社交/ 교실教室/ 실전実践/ 전쟁戦争/ 쟁반おぼん/ 반달半月

8. 대학생大学生/ 생맥주生ビール/ 주당上戸/ 당면当面/ 면제免税/ 제비燕/ 비서秘書/ 서무庶務/ 무상無償/ 상대相手/ 대상対象/ 상급생上級生/ 생계生計/ 계산計算/ 산부인과産婦人科/ 과목科目

9. 목차目次/ 차선車線/ 선택選択/ 택지宅地/ 지하실地下室/ 실험実験/ 험담悪口/ 담화談話/ 화가画家/ 가수歌手/ 수학数学/ 학문学問/ 문학文学/ 학자学者/ 자업자득

自業自得/ 득남得男(息子をもうけること)

10. 남자男子/ 자극刺激/ 극적劇的/ 적대敵対/ 대상対象/ 상사上司/ 사장社長/ 장갑
手袋/ 갑자기いきなり/ 기밀문서機密文章/ 서장署長/ 장구太鼓/ 구경見物/ 경제
經済/ 제약회사制約会社/ 사실事実

11. 회담会談/ 담당担当/ 당당하다堂々たる様子だ/ 다시もう一度・また/ 시외市外/
외아들一人っ子の息子/ 들판野原/ 판사判事/ 사회社会/ 회사会社/ 사형死刑/ 형
수兄嫁/ 수면睡眠/ 면도髭剃り/ 도시/都市/ 시내市内

12. 은행銀行/ 행사行事/ 사절お断り/ 절박切迫/ 박사博士/ 사전辞典/ 전문가專門家
/ 가정家庭/ 정직正直/ 직장職場/ 장날市の日/ 날개翼/ 개입介入/ 입장立場/ 장내
場内/ 내용内容

13. 과거過去/ 거주居住/ 주민住民/ 민족民族/ 족발足/ 발냄새足のにおい/ 새끼(動
物の)子供/ 끼니食事/ 니크네임愛稱/ 임대賃貸/ 대신代わりに/ 신문新聞/ 문서文
書/ 서도書道/ 도장印鑑/ 장거리長距離

① 初声（子音字）の配列順

ㄱ ㄴ ㄷ ㄹ ㅁ ㅂ ㅅ ㅇ ㅈ ㅊ ㅋ ㅌ ㅍ ㅎ
ㄲ 　ㄸ 　　　ㅃ ㅆ 　ㅉ

② 中声（母音字）の配列順

ㅏ ㅑ ㅓ ㅕ ㅗ ㅛ ㅜ ㅠ ㅡ ㅣ
ㅐ ㅒ ㅔ ㅖ ㅘ 　ㅝ 　ㅢ
　　　　ㅙ 　ㅞ
　　　　ㅚ 　ㅟ

③ 終声（パッチム）の配列順

ㄱ ㄴ ㄷ ㄹ ㅁ ㅂ ㅅ ㅇ ㅈ ㅊ ㅋ ㅌ ㅍ ㅎ
ㄲ ㄳ ㄺ 　　ㅄ ㅆ
ㄵ ㄶ ㄻ
　　ㄼ
　　ㄽ
　　ㄾ
　　ㄿ
　　ㅀ

解 答

 ## 第1部　文字偏 

練習問題 1 　p. 10

② ㅓ ㅑ ㅏ ㅕ ㅡ ㅛ ㅣ ㅗ ㅠ ㅜ

③ ㅣ ㅡ ㅠ ㅜ ㅛ ㅗ ㅕ ㅓ ㅑ ㅏ

練習問題 2 　p. 17

② ㄷ ㅋ ㅍ ㅈ ㅂ ㅎ ㅇ ㄴ ㅁ ㅊ ㅌ ㄹ ㄱ ㅅ

③ ㅎ ㅇ ㄷ ㅂ ㅌ ㅍ ㅅ ㅁ ㅈ ㄹ ㄴ ㅊ ㅋ ㄱ

練習問題 3 　p. 21

② 며 쟈 자 추 츠 스 효 휴 기 키 류 큐 으 터

③ 가 카 타 다 프 브 흐 후 휴 으 유 바 파 보

⑤ 파마　하수구　비유　나비　하나　두부　리어커

3️⃣ ㅖ ㅒ ㅢ ㅖ ㅙ ㅝ ㅘ ㅒ ㅟ ㅖ ㅚ

4️⃣ ㅝ ㅒ ㅢ ㅟ ㅙ ㅚ ㅖ ㅒ ㅖ ㅖ ㅘ

7️⃣ 돼지 이해 지휘 좌우 체재 죄 테니스 화로 체크

6️⃣ ㅊ ㄱ ㅌ ㅂ ㄲ ㄸ ㅋ ㄷ ㅆ ㅅ ㅍ ㅃ ㅈ ㅉ

7️⃣ 구두가 비싸다. 배추와 파. 따라 하세요. 배가 부르다.

8️⃣

아	가/카	사	다/타	나	하	마	야	라	와
이	기/키	시	지/치	니	히	미		리	
우	구/쿠	스	츠	누	후	무	유	루	
에/애	게/케/캐	세/새	데/테/태	네/내	헤/해	메/매		레/래	
오	고/코	소	도/토	노	호	모	요	로	

9️⃣ 이누 테니스 우츠 나제/나재 케스 오차 하나 기타노
노무라 스즈키 고모리 나가이 나카니시 구츠 시아게

1️⃣ 가써요 거진말 업따 술리 어떠케요 아름답따

3️⃣ 난 바라미라면   넌 눈무린가봐
   난 이스리라면   넌 꼰니핀가봐
   부르지도 마   나에 이르믈
   이젠 정말   들리지 아나
   생각지도 마   지난 일드를

	도라 누운		우리 사랑을
	난 사랑이라면		넌 이벼린가봐
	난 하느리라면		넌 구르민가봐

4 40文字

5 子音子

〈ㄱ, ㄴ, ㄷ, ㄹ, ㅁ, ㅂ, ㅅ, ㅇ, ㅈ, ㅊ, ㅋ, ㅌ, ㅍ, ㅎ〉

母音子

〈ㅏ, ㅑ, ㅓ, ㅕ, ㅗ, ㅛ, ㅜ, ㅠ, ㅡ, ㅣ〉

複子音子

〈ㄲ, ㄸ, ㅃ, ㅆ, ㅉ〉

複母音子

〈ㅐ, ㅒ, ㅔ, ㅖ, ㅘ, ㅙ, ㅚ, ㅝ, ㅞ, ㅟ, ㅢ〉

6 선생님 서울 국밥 벗꽃

第2部

基本文法偏

（名詞の）だ／丁寧語です型・疑問型

文型

名詞＋

～である	○	이다
（～だ）	×	다
～です		입니다
～ですか		입니까?

- 名詞に＜だ／です／ですか＞をつける場合は、名詞の最後の文字にバッチムがあるか、無いかによって変わる場合が多いです。もちろん、バッチムのある、無しに関係ない場合もあります。＜文型＞ではバッチムがある場合を＜○＞に、無い場合を＜×＞に表しました。何も表示されていないのはバッチムのある、無しに関係ないケースです。

- 単語とか文型は理解するものでなく覚えるものです。これは外国語全般に当てはまることです。ということで、これから出てくる単語と文型は丸暗記してください。

① まず、＜名詞＋～である（～だ）型＞を見てみましょう。

　　＜リンゴである＞という文章には、＜リンゴ＞という名詞と、＜～である＞という文型が必要です。＜リンゴ＞は韓国語で＜사과＞です。それから＜～である＞は名詞の最後の文字にバッチムがあると＜이다＞、無いと＜다＞になります。＜사과＞の最後の文字である

＜과＞にはパッチムがないので、ここでは＜다＞が使われます。従って＜リンゴである＞
は、＜사과다＞となります。

② **今度は＜名詞＋です＞を見てみましょう。**
　＜リンゴです＞には＜リンゴ＞という名詞と＜です＞という文型が必要ですね。①から
＜リンゴ＞は＜사과＞ということがわかりました。後は＜です＞にあたる韓国語を持って
来ればいいです。＜です＞は前に來る名詞の最後の文字にバッチムがあっても、無くても、
関係無く＜입니다＞です。従って＜リンゴです＞は＜사과입니다＞になります。

③ 疑問文＜ですか＞は、肯定文＜です＞である＜입니다＞の最後の文字の＜다＞を＜까＞に変
えて、疑問符號＜?＞をつけるだけです。従って＜リンゴですか＞は＜사과입니까?＞になり
ます。韓国語では、疑問文はほとんど＜?＞をつけます。

⁜ 꽃이다.	花だ。
⁜ 꽃입니다.	花です。
⁜ 꽃입니까?	花ですか。
⁜ 사과다.	リンゴだ
⁜ 사과입니다.	リンゴです。
⁜ 사과입니까?	リンゴですか。

本文の見なおし

① 꽃(花) ＋ 이다(〜だ)　　➡ 꽃이다.(花だ。)
② 꽃(花) ＋ 입니다(です)　　➡ 꽃입니다.(花です。)
③ 꽃(花) ＋ 입니까(ですか)　　➡ 꽃입니까?(花ですか。)
④ 사과(リンゴ) ＋ 다(〜だ)　　➡ 사과다.(リンゴだ。)
⑤ 사과(リンゴ) ＋ 입니다(です)　　➡ 사과입니다.(リンゴです。)
⑥ 사과(リンゴ) ＋ 입니까(ですか)　　➡ 사과입니까?(リンゴですか。)

単語・語句

꽃　花	사과　リンゴ	한국　韓国	일본　日本
사람　人	나　私	구두　靴	감기　風邪
결석　欠席	유감　残念	여행　旅行	중　中
친구　友達	오래간만　久しぶり		

練習問題 1

1 ＜単語＞を参照して、次の文章を日本語で訳してください。

① 감기입니까?

② 감기입니다.

③ 결석이다.

④ 유감입니다.

⑤ 여행 중이다.

2 ＜単語＞を参照して、次の文章を韓国語で書いてください。

① 韓国だ。	韓国です。	韓国ですか。
② 日本人だ。	日本人です。	日本人ですか。
③ 私だ。	私です。	私ですか。
④ 靴だ。	靴です。	靴ですか。

3 次の数字を韓国語で読み、書き表しましょう。

① ７	② １５
③ ２９	④ ４３
⑤ ８６	⑥ ５６８
⑦ １９８６	⑧ ２００５
⑨ ７万２百４	⑩ １０億２万３千９６

4 ＣＤの音を聞いて聞き書きしましょう。  ２

（動詞・形容詞の）丁寧語です／ます型・疑問型

文型

● 動詞・形容詞＋

| ～です／ます | ○ | 습니다 |
| ～ですか／ますか | × | ㅂ니다 |

〜ですか／
ますか　　　○　습니까?
　　　　　　×　ㅂ니까?

- 韓国語の動詞・形容詞は全て〈다〉で終わります。この課ではそれらの丁寧語を学習しましょう。
  まず、動詞・形容詞から語尾の〈다〉を切り捨てます。それから切り捨てた〈다〉の左隣にある文字にパッチムがある場合は〈습니다〉〈습니까?〉をつけ、パッチムがない場合は〈ㅂ니다〉〈ㅂ니까?〉をつけます。

- 辞書に載ってある動詞・形容詞を基本形、もしくは原型といいます。上記の方法で基本形を丁寧語に変えました。では反対に、丁寧語を基本形に戻す時はどうしたらよいでしょうか。
  〈다〉を切り捨て〈습니다〉〈습니까?〉、または、〈ㅂ니다〉〈ㅂ니까?〉をつけましたので、逆の方法で、つけたものを取った後、切り捨てた〈다〉を復帰させると基本形にもどります。

① ＜動詞・形容詞＋〜です/ます＞を作りましょう。

　＜食べる(먹다)＞を＜食べます＞に変えてみましょう。真っ先にすることは、＜食べる＞の＜먹다＞から語尾の＜다＞を切り捨てることです。それから残った文字の一番右側の文字にバッチムがあると＜습니다＞を、無いと＜ㅂ니다＞をつけます。ここでは＜먹다＞から語尾の＜다＞を切り捨てると＜먹＞の一文字しか残りませんので、＜먹＞だけを見てバッチムがあるか無いかを確認すればよいです。ここでは、＜먹＞にバッチムがあるので＜습니다＞をつけます。従って＜食べます＞は＜먹습니다＞になります。疑問文は第一課で学習したように、＜다＞を＜까?＞に変えるだけでした。それで＜食べますか＞は＜먹습니까?＞になります。

　今度は＜行く(가다)＞を＜行きます＞に変えてみましょう。先ず、＜가다＞から語尾＜다＞を切り捨てて見ると＜가＞だけが残り、その＜가＞にはバッチムが無いので、＜〜ます＞である＜ㅂ니다＞をつけます。従って＜行きます＞は＜갑니다＞になり、その疑問文は＜갑니까?＞になります。

먹습니다.	食べます。
어렵습니까?	難しいですか。
갑니까?	行きますか。
봅니다.	見ます。
합니까?	しますか。
있습니다.	います。
없습니까?	いませんか。

本文の見なおし

① 먹다(食べる) ＋ 습니다(～ます)　　　❍ 먹습니다.(食べます。)

　➡基本形を丁寧語に変える時には必ず基本形の語尾＜다＞を切り捨ててから丁寧語に当たるものをつけます。

② 어렵다(むずかしい) ＋ 습니까?(～ますか)

　　　　　　　　　　　　　　　　❍ 어렵습니까?(難しいですか)

　➡韓国語では疑問文の場合、必ず、疑問符号の＜?＞をつけます。

③ 가다(行く) ＋ ㅂ니까?(～ますか)　　❍ 갑니까?(行きますか)

④ 보다(見る) ＋ ㅂ니다(～ます)　　　❍ 봅니다.(見ます。)

⑤ 하다(する) ＋ ㅂ니까?(～ますか)　　❍ 합니까?(しますか)

⑥ 있다(いる) ＋ 습니다(～ます)　　　❍ 있습니다.(います。)

⑦ 없다(ない) ＋ 습니까?(～ますか)　　❍ 없습니까?(いませんか)

　➡＜無い＞と＜いない＞は韓国語では同じく＜없다＞です。

単語・語句

먹다 食べる	어렵다 難しい	가다 行く	보다 見る
하다 する	있다 いる	없다 ない	멋있다 素敵だ
바쁘다 忙しい	덥다 暑い	춥다 寒い	아프다 痛い
좋다 いい	싫다 嫌い	자다 寝る	반갑다 懐かしい
만나다 会う	그렇다 そうだ	놀랍다 驚くべきだ	아니다 違う
년 年	밉다 憎たらしい	월 月	일 日
마시다 飲む	신다 履く	배부르다 お腹いっぱいだ	

練習問題2

1 次の単語を丁寧語に変えてください。それから本文にある＜単語＞を見て、
日本語の意味も確認しましょう。

① 멋있다.　　　　　　　② 바쁘다.
③ 덥다.　　　　　　　　④ 춥다.
⑤ 아프다.

2 次の丁寧語を原型にもどしてください

① 좋습니다.　　　　　　② 싫습니다.
③ 잡니까?　　　　　　　④ 반갑습니다.
⑤ 만납니까?　　　　　　⑥ 그렇습니다.

3 次の動詞を例のように変えましょう。

例		
가다	갑니다	갑니까?
먹다	먹습니다	먹습니까?

① 하다　　　　　　　　② 보다
③ 있다　　　　　　　　④ 신다
⑤ 자다　　　　　　　　⑥ 마시다

4 次の年月日を韓国語で読み、書き表しましょう。

① 1986年　6月　30日　　② 2005年　8月　26日
③ 2000年　10月　8日　　④ 1682年　2月　13日

5 CDの音を聞いて聞き書きしましょう。 4

文型

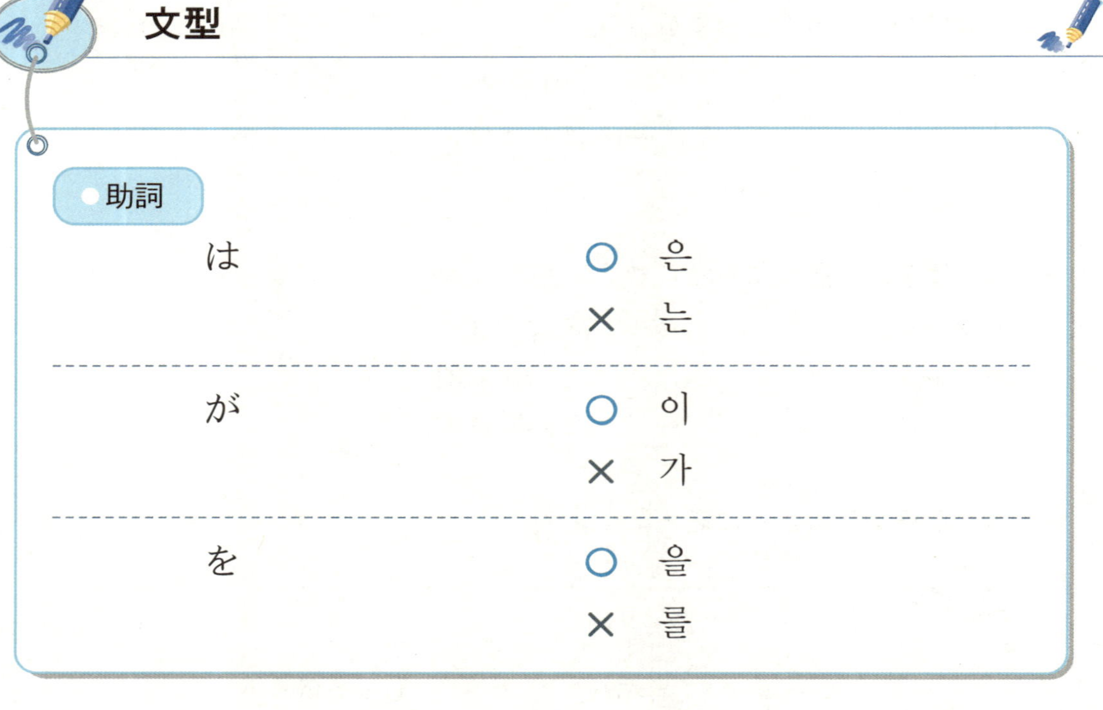

● 助詞

は		○ 은
		✕ 는
が		○ 이
		✕ 가
を		○ 을
		✕ 를

■ 日本語と同じように韓国語の助詞は名詞につきます。しかし、助詞がつく直前の文字にバッチムがあるか無いかによって文字が違ってきますので注意して覚えましょう。

① 先ず、＜これは＞を韓国語で書いてみましょう。

　　＜これ＞は＜이것＞もしくは＜이거＞です。＜이것＞は文体語、＜이거＞は会話体として使われます。それから＜は＞は、直前の文字にバッチムがあると＜은＞、無いと＜는＞です。それで、＜이것＞を使う場合は、＜것＞にバッチムがあるので＜은＞を持ってきます。それで、＜이것은＞になります。

また、＜이거＞を使う場合は＜거＞にパッチムがないので＜는＞がつき、＜이거는＞になります。

② ほかの助詞＜が＞＜を＞も同じやり方です。　助詞がつく直前の文字にパッチムがあるか、無いかをよく確認してから使ってください。

⊹ 이것이 방 열쇠입니까?

⊹ 네, 그렇습니다.

⊹ 그런데 그 사람은 지금 어디 있습니까?

⊹ 글쎄요. 아! 저기 있습니다.

⊹ 무엇을 합니까?

⊹ 글쎄요.

これが部屋の鍵ですか。

はい、そうです。

ところで、その人は今どこにいますか。

そうですね。あ! あそこにいます。

何をしていますか。

そうですね。

本文の見なおし

① 이것(これ) ＋　이(が)　　　　　　　➡ 이것이(これが)
　　방(部屋〈の〉)

　➡ ＜の＞は韓国語では省略が多いです。

　　열쇠(鍵) ＋　입니까?(ですか)　　➡ 열쇠입니까?(鍵ですか)

② 네(はい)
　　그렇다(そうだ) ＋　습니다(です)　➡ 그렇습니다(そうです)

③ 그런데(ところで)
　　그 (その)
　　사람(人) ＋　은(は)　　　　　　　➡ 사람은(人は)
　　지금 (今)
　　어디 (どこ〈に〉)
　　있다(いる) ＋　습니까?(ますか)　➡ 있습니까?(いますか)

④ 글쎄요(そうですね)
　　아!(あ!)
　　저기(あそこ〈に〉)
　　있다(いる) ＋　습니다(ます)　　　➡ 있습니다(います)

⑤ 무엇(何) ＋　을(を)　　　　　　　➡ 무엇을(何を)
　　하다(する) ＋　ㅂ니까?(ますか)　➡ 합니까?(しますか)

■ <私>には〈나〉と〈저〉の二つの言い方があります。その中で〈나〉は友達関係で使われる言葉であり、<だ型>の文章の中で用いられます。一方〈저〉は、目上の方との対話で使われる言葉であり、文章としては<です・ます型>の中で用いられます。

■ 韓国語は日本語の語順とまったく同じです。それで、慣用句でない限り韓国語のそれぞれに相当する日本語の単語・助詞などを入れかえることで日本語に変えることができます。もちろん、日本語から韓国語への変換も同一の方法で出来ます。
では早速、<私は木村です。>という文章を韓国語に直したてみましょう。このためにはまず、それぞれに値する韓国語に置きかえることです。その際、符号も忘れず変えましょう。

私(나)　　は(는)　　木村(기무라)　　です(입니다)　　。(.)

つまり、<私は木村です。>は、<나는 기무라입니다.>になります。ここで注意したいのは韓国語の場合、主語と助詞の次に一文字分の間隔を空けて置くことです。〈나는〉と〈기무라입니다〉との間の空間がそれです。
それを「分かち書き(띄어 쓰기)」といいます。その空間の意味は"沈黙"、"音を出さない"ですので〈나는〉と発音した後に一テンポの間を置いてから〈기무라입니다〉と発音を続けます。
ちなみに符号の<、>と<。>は、韓国語の文章では<,><.>になります。

単語

방 部屋	열쇠 鍵	무엇 何	사람 人
지금 今	어디 どこ	있다 ある・いる	저 私
글쎄요 そうですね。		한일 韓日	사전 事典
아름답다 美しい		문제 問題	아프다 痛い
강아지 子犬	참·아주 とても	귀엽다 可愛い	보다 見る
아시다 ご存知だ		물 水	마시다 飲む
테레비 テレビ	고치다 修理する	기쁘다 嬉しい	김치 キムチ
내일 明日	불가능 不可能	극복 克服	하다 する
쉬다 休む	사과 リンゴ	좋다 いい	집 家
크다 大きい	그렇다 そうだ	그런데 ところで	
한국 韓国	일본 日本	판문점 板門店	오늘 今日
먹다 食べる	시간 時間	가다 行く	

練習問題3

1 右の単語と左の単語を正しくつなぎましょう。

①この	ア	저곳
②あの	イ	이것
③その	ウ	그
④ここ	エ	저
⑤そこ	オ	이곳
⑥あそこ	カ	그것

⑦ これ　　　　　　　　キ　그곳
⑧ それ　　　　　　　　ク　이
⑨ あれ　　　　　　　　ケ　저것

2 (　)の中に主格助詞＜은 / 는＞のどちらかを入れて訳しましょう。

① 저(　) 한국 사람입니다.

② 이것(　) 한일 사전이다.

③ 그 사람(　) 일본 사람입니다.

④ 거기(　) 아름답습니다.

3 (　)の中に主格助詞＜이 / 가＞のどちらかを入れて訳しましょう。

① 그것(　) 문제입니다.

② 여기(　) 판문점입니다.

③ 어디(　) 아픕니까?

③ 강아지(　) 참 귀엽습니다.

4 (　)の中に目的格助詞＜을 / 를＞のどちらかを入れて訳しましょう。

① 무엇(　) 봅니까?

② 저(　) 아십니까?

③ 물(　) 마시다.

④ 테레비(　) 고치다.

5 ＜単語＞を参照しながら次の日本語を韓国語で書いてみましょう。

① 私は今日とても嬉しいです。

② キムチを食べますか。

③ 明日は時間がありますか。

④ 不可能を克服する。

6 CDの音を聞いて聞き書きしましょう。　◁)） 6

過去・尊敬・未来形

文型

● 過去

陽性母音の後　　　　　　　　〜았

陰性母音の後　　　　　　　　〜었

● 尊敬

〜られる　　　　　　○　　　〜으시

　　　　　　　　　　×　　　〜시

● 未来(推測・意志)

〜겠

■ 動詞と形容詞の基本形を過去・尊敬・未来形に変える時は、基本形から〈다〉を切り捨てて〈았/었(過去)〉〈시/으시(尊敬)〉〈겠(未来)〉をつけた後、もう一度〈다〉をつけます。

■ ここで注意したいのは未来形である〈겠〉の存在です。これは日本語では一言で言い表せない韓国語特有な言い方です。それから未来の意味以外に、推

① 過去形を練習しましょう。

　＜行く(가다)＞を＜行った＞に変える時、まず、基本形＜가다＞から＜다＞を切り捨てましょう。残った＜가＞は＜ㅏ＞という陽性母音を持っているので過去形は＜았＞をつけて＜가았＞になります。これに語尾＜다＞をつけましょう。それで＜行った＞は＜가았다＞になります。ところで、＜가았다＞の語幹＜가았＞を見てみると＜ㅏ/ㅏ＞と同じ母音が続けてあります。つまり、長音になっています。しかし、韓国語には長音が無いのでこの二つを結合させます。それで、＜가았＞は＜갔＞に結合し、そこに語尾の＜다＞がつくわけです。結局、＜行った＞は＜갔다＞となります。

② 今度は尊敬形の＜行かれる＞をやってみましょう。

　＜行く＞の＜가다＞から語尾の＜다＞を切り捨ててみると、残った語幹の＜가＞にバッチムがないですね。それでバッチムが無い時使う尊敬形の＜시＞を持ってきます。＜가시＞になりましたらそこに語尾＜다＞をつけましょう。それで＜行かれる＞は＜가시다＞になります。
韓国語の終止形は＜다＞で終わりますので、文型を変える時に切り捨てた＜다＞は、最後に必ず復帰させなければなりません。

③ それでは＜行かれた＞を作ってみましょう。過去形と尊敬形が一緒になっていますね。この場合、尊敬形が先に来て、次に過去形が来るという順番です。それでまず、基本形の＜가

다>から<다>を切り捨てて、尊敬形の<시>をつけると<가시>になります。それに過去
形がつくわけですが、過去形が来る直前の文字、つまり<시>は<ㅣ>という陰性母音を持
っていますので過去形は<았/었>の中で陰性母音の時の<었>を使います。 <가시었>に
なったら最後の語尾<다>をつけましょう。<가시었다>になります。ところで尊敬形
<(으)시>と過去形<었>は必ず<(으)셨>に結合します。それで<行かれた>は<가셨다>
になります。

④ 第2課の復習として、<行かれた>を<行かれました>に変えてみましょうか。<行かれ
た>の<가셨다>から<다>を切り捨ててみると最後の文字<셨>にバッチム<ㅆ>があ
りますね。それで<～ます(습니다/ ㅂ니다) >の中で、バッチムある時に使う<습니다>をつ
けます。それで<行かれました>は<가셨습니다>になります。

⑤ 最後に、予測・意志・念を押す・未来を現す<겠>をみてみましょう。これを一言で現す日
本語は無いです。文章の前後によって訳が違って来ますので、皆さんが慣れにくいものの
中の一つともいえます。
　<行く>の<가다>から<다>を切り捨てて<겠>をつけ、もう一度語尾として<다>を持
ってくると<가겠다>になりますね。これは<行くつもりだ>という意味になり、これから
の自分自身の意志を現しています。つまり、時間として未来を意味しています。

꙾ 저는 어제 한국 레스트랑에 갔습니다.

꙾ 불고기를 먹었습니다. 참 맛있었습니다.

꙾ 그런데 놀랍게도 친구 아버님도 오셨습니다.

꙾ 제 친구는 없었습니다.

꙾ 아주 유감이었습니다.

꙾ 그래서 내일 하루는 학교를 쉬겠습니다.

꙾ 그리고 친구를 만나겠습니다.

私は昨日韓国レストランへ行きました。

焼肉を食べました。とてもおいしかったです。

ところで驚いたことに友達のお父様も

お出ででした。

私の友達はいませんでした。

とても残念でした。

それで、明日一日は学校を休みます。

それから友達に会います。

本文の見なおし

① 저(私) ＋ 는(は)　　　　　　➡ 저는(私は)

　어제(昨日)

　한국(韓国) ＋ 　의(の)　　　➡ 한국의(韓国の)

　　　　　　　　　　　　　　　➡ 한국(韓国)

　➡ ＜の＞である＜의＞はよく省略されます。

　레스토랑(レストラン) ＋ 에(に)　➡ 레스토랑에(レストランに)

　가다(行く) ＋ 았(過去形) ＋ 다(だ形)

　　　　　　　　　　　　　➡ 가았다(行った)

　　　　　　　　　　　　　➡ 갔다(行った) ＋ 습니다(ます)

　　　　　　　　　　　　　➡ 갔습니다(行きました)

　➡ ＜行った＞の＜가았다＞は必ず＜갔다＞と縮めて言います。

② 불고기(焼肉) ＋ 를(を)　　　➡ 불고기를(焼肉を)

　먹다(食べる) ＋ 었(過去形) ＋ 다(だ形)

　　　　　　　　　　　　　➡ 먹었다(食べた) ＋ 습니다(ます)

　　　　　　　　　　　　　➡ 먹었습니다(食べました)

③ 참 (とても)

　맛있다(おいしい) ＋ 었(過去形) ＋ 다(だ形)

　　　　　　　　　　　　　➡ 맛있었다(おいしかった) ＋ 습니다(です)

　　　　　　　　　　　　　➡ 맛있었습니다(おいしかったです)

④ 그런데 (ところで)

　놀랍게도 (おどろくことに)

　친구 (友達〈の〉)

　➡ ここでも＜の＞である＜의＞は省略されました。

아버님(お父様) + 도(も)　　　　　　⬭ 아버님도(お父様も)

오다(来る) + 시(尊敬形) + 다(だ形)

　　　　　　⬭ 오시다(来られる) + 었(過去形) + 다(だ形)

　　　　　　⬭ 오시었다(来られた)

　　　　　　⬭ 오셨다(来られた) + 습니다(ます)

　　　　　　⬭ 오셨습니다(来られました)

➥ ＜오시었다＞の中にあるように、尊敬形＜시＞と過去形＜었＞の＜시었＞は、必ず＜셨＞に縮めて言います。

⑤ 저(私) + 의(の)　　　　　　⬭ 저의(私の) ⬭ 제(私の)

➥ ＜저의＞は＜제＞に縮めて言います。

⑥ 친구(友達) + 는(は)　　　　　　⬭ 친구는(友達は)

없다(いない) + 었(過去形) + 다(だ形)

　　　　　　⬭ 없었다(いなかった) + 습니다(です)

　　　　　　⬭ 없었습니다(いなかったです)

⑦ 아주 (とても)

유감 (残念)

이다(〜だ) + 었(過去形) + 다(だ形)

　　　　　　⬭ 이었다(だった) + 습니다(です)

　　　　　　⬭ 이었습니다(でした)

➥ ＜유감＞は名詞です。名詞を過去形に変える時は、必ず、＜이다(〜である)＞、もしくは＜하다(する)＞をつけてから変えます。名詞に直接、過去形(았/었)をつけることはできません。

➥ ＜이다＞＜하다＞をつける場合、名詞が動作を含めた内容を持ていれば＜하다＞を、状況を現す場合は＜이다＞をつけます。

➥ ＜하다＞の過去形は＜하았다＞ですが、＜하았다＞とせず、＜했다＞　もしくは＜하였다＞といいますので注意しましょう。

⑧ 그래서 (それで)

내일 (明日)

하루(一日) ＋ 는(は)　　　　　❹ 하루는(一日は)

학교(学校) ＋ 를(を)　　　　　❹ 학교를(学校を)

쉬다(休む) ＋ 겠(意志) ＋ 다(だ形)

　　　　　　　❹ 쉬겠다(休むつもりだ) ＋ 습니다(ます)

　　　　　　　❹ 쉬겠습니다(休みます)

⑨ 그리고 (それから)

친구(友達) ＋ 를(を)　　　　　❹ 친구를(友達を)

만나다(会う) ＋ 겠(予定・意志) ＋ 다(だ形)

　　　　　　　❹ 만나겠다(会うつもりだ) ＋ 습니다(ます)

　　　　　　　❹ 만나겠습니다(会います)

➡ ＜〜に会う＞は、直訳すると＜〜에게 만나다＞になります。しかし、＜〜을/를 만나다＞といいます。日本語に直すと＜〜を会う＞になりますが、慣用句ですのでしっかり覚えて置きましょう。

 ## 単語 

어제　昨日	한국　韓国	레스트랑　レストラン
불고기　焼肉	참/아주　とても	맛있다　おいしい
그런데　ところで	놀랍게도　驚くことに	친구　友達
아버님　お父さん	오다　来る	제/내　私の
없다　いない	유감　残念	그래서　それで
내일　明日	하루　一日	학교　学校
쉬다　休む	그리고　それから	만나다　会う
쓰다　書く	피다　開く	읽다　読む
찾다　探す	좋다　いい	주다　やる・くれる
있다　いる	끝나다　終わる	자다　寝る
어머니　お母さん	편지　手紙	부산　釜山

여동생　妹	장갑　手袋	수원　水原
아름답다　美しい	선생님　先生	지금　今
어디　どこ	계시다　いらっしゃる	할아버지　お爺さん
생일　誕生日	선물　プレゼント	드리다　差し上げる
숙제　宿題	수학 여행　修学旅行	제주도　済州島
정하다　決める	밤　夜	오오사카　大阪
올림픽　オリンピック	정해지다　決まる	가방　カバン
사장님　社長	아저씨　叔父・伯父	소식　知らせ
깜짝놀라다　びっくりする		가다　行く
먹다　食べる	서울　ソウル	그(사람)　彼
년　年		

練習問題４

1 次の単語を例のように過去／尊敬／未来(推測・意志・念を押す) 形に変えましょう。

> **例**
>
> 끝나다(終わる) → 끝났다(終わった) → 끝나시다(終わられる) → 끝나겠다(終わる)

① 쓰다(書く).
② 좋다(いい).
③ 피다(＜本を＞開く).
④ 읽다(読む).

2 次の単語を例のように変えましょう。

> **例**
>
> 探す(찾다)　→ お探しになる(찾으시다)
> 　　　　　　→ お探しになります(찾으십니다)
> 　　　　　　→ お探しになった(찾으셨다)
> 　　　　　　→ お探しになりました(찾으셨습니다)
> 　　　　　　→ 探すつもりだ(찾겠다)
> 　　　　　　→ 探すつもりです(찾겠습니다)

① 주다　　　　② 있다　　　③ 먹다　　　④ 자다

3 (　)の中に助詞<도/ 의 / 에/ 에게/ 로/ 으로>のどちらかを入れましょう。

① これにします。이것(　) 하겠습니다.
② 母に手紙を書きます。어머니(　) 편지를 씁니다.
③ 明日、釜山へ行きます。내일 부산(　) 갑니다.
④ これは妹の手袋です。이것은 여동생(　) 장갑입니다.
⑤ 水原も美しいです。수원(　) 아름답습니다.

4 <単語>を参照しながら次の韓国語を日本語で訳ましょう。

① 선생님은 지금 어디에 계십니까?
② 할아버지에게 생일 선물을 드렸습니다.
③ 숙제는 내일 하겠습니다.
④ 수학 여행은 한국의 제주도로 정했다.

5 <単語>を参照しながら次の日本語を韓国語で書いてみましょう。

① 彼は昨日の夜、大阪へ行きました。
② 1988年のオリンピックは韓国のソウルに決まった。
③ 私はカバンを社長に差し上げた。
④ 叔父さんもその知らせにびっくりされた。

6 CDの音を聞いて聞き書きしましょう。 🔊8

第5課 会話体の丁寧語です/ます型

文型

● 会話体の丁寧語です/ます型

(動詞・形容詞)

陽性母音の時 〈ㅏ/ㅗ〉 ～아요 ── ① 肯定文

陰性母音の時 ～어요 ── ② 疑問文

〈ㅏ/ㅗ以外〉 ── ③ ～しましょう

── ④ ～してください

(名詞)

○ 이에요 ── ① 肯定文

✕ 에요 ── ② 疑問文

■ 第1課で名詞につく丁寧語＜です型＞の＜입니다＞と、第2課で動詞・形容詞の丁寧語
＜ます型＞である＜습니다/ㅂ니다＞を習いました。つまり、ノーマルの丁寧語型を習った
わけです。この課ではそれぞれの会話体を学習します。普段の会話ではこれから学ぶ会話
体が多く使われますので、両方とも覚えて置きましょう。

① ＜습니다/ㅂ니다＞の会話体は＜아요/어요＞です。

　動詞・形容詞から語尾の＜다＞を切り取ります。残った語幹の最後の文字に陽性母音＜ㅏ/ㅗ＞がある場合は＜아요＞、＜ㅏ/ㅗ＞以外の母音、つまり、陰性母音がある場合は＜어요＞をつけます。

　＜見る(보다)＞を会話体の丁寧語で変えてみましょう。＜보다＞から語尾の＜다＞を切り取ってみると、残った＜보＞に＜ㅗ＞という陽性母音があるので＜아요＞をつけます。そうすると＜보아요＞になりますね。ここで＜보아＞を早口で言ってみてください。＜봐＞になるはずです。つまり、母音の＜ㅗ＞と＜ㅏ＞は＜ㅘ＞に縮みます。それで＜見ます＞の会話体丁寧語は＜봐요＞となります。

　＜食べる(먹다)＞の会話体丁寧語もしてみましょう。＜먹다＞から＜다＞を切り捨ててみると残った＜먹＞に＜ㅓ＞という陰性母音があるので、＜어요＞をつけます。それで＜먹어요＞になります。

　➡ ＜아요/어요＞には＜〜ます＞という叙述の他に、＜〜ますか＞という疑問、＜〜しましょう＞という勧誘、＜〜してください＞という頼みと命令、＜〜しましょう＞という勧誘、＜〜ますか＞という疑問の意味も含まれていますので、とても多岐に渡って使われる文型です。

② ＜입니다＞の会話体は＜이에요＞と＜에요＞です。名詞の最後の文字にバッチムがある場合は＜이에요＞、無い場合は＜에요＞になります。

　ここで＜人間です＞をやってみましょう。＜人間(인간)＞の最後の文字の＜간＞に＜ㄴ＞というバッチムがあるので＜이에요＞がつき、＜人間です＞は＜인간이에요＞になります。

　それでは、＜私です＞をやってみましょう。＜(저)＞にバッチムがないので＜에요＞がつき、＜私です＞は、＜저에요＞になります。

❖ 안녕하세요? 어디 가세요?

❖ 네, 오늘 백화점에서 세일을 해요.

❖ 어머 그래요?

❖ 그래서 옷이라도

❖ 우리 동네에서는 세일이 없어요.

❖ 그럼, 함께 가세요.

❖ 네, 저도 가겠어요.

こんにちは、どこに行かれますか。

あ、今日、百貨店でセールをします。

あら、そうですか。

それで服でも・・・

私の町にはセールがないです。

それでは、一緒に行きましょう。

はい、私も行きます。

 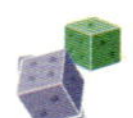

本文の見なおし

① 안녕 (安寧)

하다(する) + 시(尊敬形) + 다(だ形)

➡ 하시다(される) + 어요(ますか)
➡ 하시어요(されますか) ➡ 하세요

➡ ＜시＞と＜어＞は必ず＜세＞に縮みます。

안녕하세요?

➡ 安寧されますか＝安寧でいらっしゃいますか
＝お元気ですか＝今日は

② 어디 (どこ〈に〉)

가다(行く) + 시(尊敬形) + 다(だ形)

➡ 가시다 + 어요(ますか)
➡ 가시어요(行かれますか) ➡ 가세요

③ 네 (あ) 〈答の時は(はい)〉

오늘 (今日)
백화점(百貨店) + 에서(で)
세일(セール) + 을(を)
하다 (する) + 아요 (〜ます)

➡ 백화점에서(百貨店で)
➡ 세일을(セールを)

➡ 하아요 (います／しています)
➡ 해요

④ 어머 (あら) 〈女性語です〉

그래요? (そうですか)

⑤ 그래서 (それで)

옷(服)
이라도 (でも)

⑥ 우리 (私〈の〉)

➡️ ＜우리＞는 ＜나/저＞の複数形ですが、韓国人は単数(나/저) の場合も複数(우리) を使う癖があります。

동네(町) ＋ 에서는(では)　　　⟹ 동네에서는(町では)
세일(セール) ＋ 이(が)　　　⟹ 세일이(セールが)
없다(無い) ＋ 어요 (です／ます)　⟹ 없어요(無いです)

⑦ 그럼 (それでは)
함께 (一緒に)
가다(行く) ＋ 시(尊敬形) ＋ 다(だ形)
　　　　　　　　⟹ 가시다(行かれる) ＋ 어요(勧誘の会話体丁寧語尾)
　　　　　　　　⟹ 가시어요(行きましょう) ⟹ 가세요

⑧ 가다 (行く) ＋ 겠 (意志を表す) ＋ 다 (だ形)
　　　　　　　⟹ 가겠다(行くつもりだ) ＋ 어요(会話体の丁寧語語尾)
　　　　　　　⟹ 가겠어요(行きます、行きたいです、行くつもりです)

単語・語句

어디 どご(へ)	백화점 百貨店	세일 セール	어머 あら!
그래요? そうですか		그래서 それで	옷 服
우리 私(の)	동네 町	없다 無い	그럼 それでは
함께・같이 一緒に		예쁘다 綺麗だ	우울하다 憂鬱だ
휴일 休日	시험 試験	내일 明日	바보 バカ
엄마 ママ	전업 주부 専業主婦	아들 息子	잠버릇 寝癖
참 とても	나쁘다 悪い	계단 階段	넘어지다 転ぶ
가지다 持つ	제/내 私の	담임 선생님 担任先生(受け持ち先生)	
집 家	놀다 遊ぶ	아이들 子供達	회사 会社
장소 場所	도서관 図書館	지지미 チヂミ	대학생 大学生
오늘 今日	분 方(〈人〉の尊敬語)		

練習問題5

1 次の基本形を会話体の丁寧語に変えましょう。

① 좋다

② 먹다

③ 하다

④ 예쁘다

⑤ 우울하다

2 次の文章の語尾を会話体の丁寧語に変え、日本語訳しましょう。

① 오늘은 휴일이다.

② 시험은 내일이다.

③ 나는 바보다.

④우리 엄마는 전업 주부다.

3 ＜単語＞を見ながら次の韓国語を日本語に直してください。

① 우리 아들은 잠버릇이 참 나빠요.

② 계단에서 넘어졌어요..

③ 이거라도 가지세요.

④ 그분은 제 담임선생님이에요.

4 ＜単語を＞を見ながら次の文章を韓国語で書きなさい。

① 私の家で遊びましょう。

② 子供でもいいですか。

③ 会社には無かったです。

④ 場所は図書館です。

5 CDの音を聞いて聞き書きしましょう。　🔊10

連用形

文型

● 連用形 ～て

①		～고（羅列の時）
② 陽性母音の後		～아서（理由・原因）
③ 陰性母音の後		～어서

■ 連用形＜～て＞は＜～고＞と＜～어서／～아서＞の二つがあります。＜～고＞は羅列形の文章の中で、＜～어서／～아서＞は原因・理由などの文章で使われます。それで、＜～어서／～아서＞は＜～ので／～から＞に訳する場合が多いです。しかし、例外が多いので文章の流れによってどちらが使われるのか慣れて行く必要があります。この使い方が上手になると、韓国語らしい韓国語をこなせるようになります。それだけ重要で、かつ、難しいのが連用形といえます。

① ＜～て／～고＞

動詞・形容詞から語尾の＜다＞を切り捨てて、左の文字にバッチムが有るか無いかに関係なく＜～고＞をつけます。では、例をあげましょう。＜食べて＞は、基本形＜먹다（食べる）＞から語尾＜다＞を切り捨てて、そのまま＜고＞をつけ、＜먹고＞になります。＜行って＞は、基本形＜가다（行く）＞から＜다＞を切り捨てた後＜고＞をつけ、＜가고＞になります。

② ＜～て／～어서/～아서＞

　＜～어서/～아서＞は、動詞・形容詞から語尾の＜다＞を切り捨てた後、左側の文字に＜ㅏ/ㅗ＞の陽性母音があると＜～아서＞、＜ㅏ/ㅗ＞以外の母音、すなわち、陰性母音があると＜～어서＞をつけます。それから、強い理由・原因でない場合は、＜～어서/～아서＞の最後の文字＜서＞は省略されることが多いです。

　＜休んで＞は、基本形＜쉬다(休む)＞から語尾の＜다＞を切り捨てて、残った＜쉬＞に＜ㅟ＞という陰性母音があるので＜어서＞がつき、＜쉬어서＞になります。もう一つ、＜売って＞は、基本形＜팔다(売る)＞から＜다＞を切り捨てて残った文字＜팔＞に＜ㅏ＞という陽性母音があるので＜아서＞をつけ、＜팔아서＞になります。

それでは本文を通じて慣れて行きましょう。

⊹ 수미씨, 피곤해요?

⊹ 그렇게 보여요?

⊹ 네, 좀 쉬고 하세요.

⊹ 괜찮아요. 어제 잠을 안 자서 그래요.

⊹ 그럼 사우나라도 가세요.

⊹ 그럴까? 그런데 종로에서 거기까지 멀어요?

⊹ 아니요. 별로 안 멀어요.

スミさん、疲れますか。

そのように見えますか。

そう、少し休んでしてください。

大丈夫です。昨日、寝なかっからそうです。

そうだったら、サウナでも行ってください。

そうしようかな。ところで鐘路からそこまで遠いです
か。

いいえ、あまり遠くありません。

本文の見なおし

① 수미 (女性の名前) + 씨 (さん)　➡ スミさん
　피곤하다(疲れる) + 아요? (ますか)

　　　　　　　　➡ 피곤해요?(疲れますか)

② 그렇게 (そのように)
　보이다(見える) + 어요?(ますか)

　　　　　　　　➡ 보이어요?(見えますか) ＝ 보여요?

③ 조금 (少し)
　쉬다(休む + 고(連用形〜て)

　　　　　　　　➡ 쉬고(休んで)
　하다(する) + 시(尊敬形) + 다(だ形)

　　　　　　　　➡ 하시다(される) + 어요(勧誘形の会話体語尾)
　　　　　　　　➡ 하시어요(してください) ＝ 하세요

④ 괜찮다 (大丈夫だ) + 아요 (〜です)

　　　　　　　　➡ 괜찮아요(大丈夫です)
　어제(昨日)
　잠(眠り) + 을(を)　➡ 잠을(眠りを)
　안(否定語) + 자다(寝る)

　　　　　　　　➡ 안 자다(寝ない) + 아서(連用形〜て)
　　　　　　　　➡ 안 자아서(寝なくて) ＝안 자서

　그래요(そうです)

⑤ 그럼 (それでは)
　사우나(サウナ) + 라도(でも)

　　　　　　　　➡ 사우나라도(サウナでも)

가다(行く) + 시(尊敬形) +　다(だ形)

       ⭕ 가시다(行かれる) + 어요(勧誘形)
       ⭕ 가시어요(行ってください) ＝　가세요

⑥ 그럴까? (そうしようかな)
그런데(ところで)
종로(鐘路) + 에서(から)　　　⭕ 종로에서(鐘路から)
거기(そこ) + 까지(まで)　　　⭕ 거기까지(そこまで)
멀다(遠い) + 어요?(ですか)　⭕ 멀어요?(遠いですか)

④ 아니요 (いいえ)
별로(それほど)
안(否定語) + 멀다(遠い)

       ⭕ 안 멀다(遠くない) + 어요(です)
       ⭕ 안 멀어요(遠くありません)

쉬다 休む　　　팔다 売る　　　　피곤하다 疲れる
그렇게 そのように　　　　　　　　보이다 見える　　좀 少し
괜찮다 大丈夫だ　　　　　　　　　어제 昨日　　　　잠 眠り
자다 寝る　　　그럼 それでは　　그런데 ところで　종로 鐘路
거기 そこ　　　멀다 遠い　　　　별로 別に　　　　일 仕事
김밥 海苔巻　　이층 二階　　　　너무 とても／あまり
많이 たくさん　졸리다 眠い　　　지우개 消しゴム　찾다 探す
청소 掃除　　　아주 とても　　　깨끗하다 綺麗だ／清潔だ
끝나다 終わる　집 家　　　　　　돌아 가다 帰る　　언제나 いつも
밥 ご飯　　　　물 水　　　　　　배 お腹　　　　　아프다 痛い
못살겠다 耐えられない　　　　　　비 雨　　　　　　내리다 降る
하늘 空　　　　회의 会議　　　　메일 メール　　　보내다 送る
기분 気分　　　나쁘다 悪い　　　의자 椅子　　　　앉다 座る
늦다 遅い　　　미안하다 すまない　기쁘다 嬉しい　　눈물 涙
나다 出る　　　킬로 km　　　　　지금 今　　　　　뭘 何を
친구 友達　　　숙제 宿題　　　　만나다 会う　　　사우나 サウナ
내일 明日　　　끝내다 終える　　그래요 そうです。
그럴까 そうしようかな。　　　　세수하다 顔を洗う。
이를 닦다 歯を磨く。　　　　　　~고 싶다 ~したい。
~고 싶어서 죽겠다. ~したくて死にそう。
속이 안 좋다 お腹がよくない。

練習問題6

1 （　）の中の基本形を連用形＜고＞もしくは＜어서/아서＞に変えましょう。

① 仕事が／終わって／家に／帰りました。
　일이／ （끝나다）／ 집에／ 돌아 갔습니다.

② 私は／いつも／ご飯を／食べて／水を／飲みます。
　나는／ 언제나／ 밥을／ （먹다）／ 물을／ 마십니다.

③ 今日は／休んで／明日します。
　오늘은／ （쉬다）／ 내일／ 하겠습니다.

④ お腹が／痛くて／たまりません。
　배가／ （아프다）／ 못살겠어요.

⑤ 雨が／降って／空が／綺麗です。
　비가／ （내리다）／ 하늘이／ 깨끗해요.

2 傍線部の基本形を書き、＜単語・語句＞を参照しながら日本語に訳しましょう。

① 일을 <u>하고</u> 있어요.
② 김밥을 <u>먹고</u> 있어요.
③ 이층에서 <u>자고</u> 있어요.
④ 세수<u>하고</u> 이를 닦았어요.

3 傍線部に注意しながら、次の韓国文を日本語に訳しましょう。

① 너무 많이 <u>먹어서</u> 졸려요.
② 지우개가 <u>없어서</u> 찾았어요.
③ 청소를 <u>해서</u> 아주 깨끗해요.
④ <u>보고 싶어서</u> 죽겠어요.

4 次の文章を韓国語に訳しましょう。

① 会議を終えてメールを送りました。

② 気分が悪くて椅子に座りました。

③ 遅れてすみません。

④ あまりにも嬉しくて涙が出ました。

5 ＜には／から／まで＞を確認しながら、次の文章を日本語に訳しましょう。

① 거기에는 무엇이 있어요?

② 서울에서 수원까지 40키로에요.

③ 그것을 먹고부터 속이 안 좋았어요.

④ 지금까지 뭘 했어요?

6 ＣＤの音を聞いて聞き書きしましょう。 12

第7課 連体形＋ㄹ, ㅂ, ㅎ脱落

文型

連体形(動詞)

過去形		～었던/았던
完了形	○	～은
	×	～ㄴ
現在進行形		는
未来形	○	～을
	×	～ㄹ

連体形(形容詞)

過去形		～었던/았던
現在形	○	～은
	×	～ㄴ
未来形	○	～을
	×	～ㄹ

■ 連体形とは後ろに来る名詞を修飾・形容する単語、もしくは句を指します。これさえ抑えれば、辞書を引きながらほとんどの韓国語の文章が訳せます。連体形をしっかり習って、長文解釈に挑戦してください。

一. 動詞

① 過去連体形＜었던/았던＞

連体形となる動詞から語尾の＜다＞を切り捨て、＜다＞の直前の文字に陽性母音＜ㅏ/ㅗ＞があると＜았던＞、＜ㅏ/ㅗ＞以外の母音、すなわち、陰性母音があると＜었던＞をつけます。この際、＜았/었＞は省略可能です。

では、＜食べた記憶＞を韓国語で書いてみましょう。

＜食べた＞という動詞が＜記憶＞という名詞を修飾していて、その時制は過去ですので、ここでの＜食べた＞は過去連体形であります。

まず、＜食べる／먹다＞という動詞と＜記憶／기억＞という名詞が必要です。連体形になる＜먹다＞から語尾の＜다＞を切り捨て、残った＜먹＞をみると＜ㅓ＞という陰性母音があります。それで＜었던＞を持って来ると、＜食べた記憶＞は＜먹었던 기억＞、もしくは、＜었＞を省略して＜먹던 기억＞になります。

② 完了連体形＜ㄴ/은＞

過去連体形と完了連体形は混同しやすいです。両方どちらを使ってもよい場合が多いからです。しかし厳密にいえば、過去連体形は思い出とか、時間が経過した昔の事柄を表す時、完了連体形は現在から1秒でも過ぎている、近い過去の表現に使われます。

では、＜行った人＞を韓国語で書きましょう。

連体形になる＜行く／가다＞と、その修飾を受ける名詞の＜人／사람＞が必要です。 まず、＜가다＞から＜다＞を切り捨て、残った＜가＞にバッチムがないので、バッチムの無い時に使う＜ㄴ＞を持って来て語幹の＜가＞にバッチムとしてつけます。＜간＞になりますね。それで＜行った人＞は＜간 사람＞となります。

③ 現在進行連体形＜는＞

これは＜～している＋名詞＞という表現として、現在に行なわれている状況を表す時に使います。

では、＜（帽子を）かぶっている人＞を書いてみましょう。まず、＜かぶっている＞だから、＜がぶる／쓰다＞という動詞と、＜人／사람＞という名詞が必要です。それから、連体形となる＜쓰다＞から＜다＞を切り捨ててから、直前の文字にバッチムがあっても無くても関係なく＜는＞をつけます。＜쓰는＞になりますね。それで＜かぶっている人＞は＜쓰는 사람＞になります。

④ 未来連体形＜ㄹ/을＞

＜（明日遠足に）いく人＞をやってみましょう。＜行く／가다＞と＜人／사람＞が必要です。次に、明日という未来のことですから、＜行く＞を未来連体形に変えないといけません。それでは先ず、＜가다＞から＜다＞を切り捨てましょう。残った語幹＜가＞にバッチムが無いので＜ㄹ＞をバッチムとしてつけます。それで＜行く人＞は、＜갈 사람＞になります。

二．形容詞

① 過去連体形＜었던/았던＞

形容詞の連体形には過去と完了を一つにして過去形として表します。

では、＜綺麗だったママ＞を韓国語で書いてみましょう。＜綺麗だ／예쁘다＞と＜ママ／엄마＞が必要ですね。次に＜綺麗だ／예쁘다＞を過去連体形化しましょう。＜예쁘다＞から＜다＞を切り捨て、＜다＞の直前の文字＜쁘＞に陰性母音＜ㅡ＞があるので＜었던＞をもってきます。それで＜예쁘다 + 었던 → 예쁘었던 → 예뻤던＞になり、＜綺麗だったママ＞は＜예뻤던 엄마＞になります。

② 現在連体形＜ㄴ/은＞

上記の＜綺麗だったママ＞を、現在の状態を表している連体形が用いられた＜綺麗なママ＞に変えてみましょう。それでは＜綺麗だ＞の＜예쁘다＞から＜다＞を切り捨て、＜다＞の直前の文字＜쁘＞にバッチムがないの＜ㄴ＞を持って来ます。＜예쁜＞になりますね。それで＜綺麗なママ＞は＜예쁜 엄마＞になります。

③ 未来連体形＜ㄹ/을＞

形容詞が未来連体形になる場合は、＜〜なるだろう＋名詞＞、もしくは、＜〜なるはずの＋名詞＞など、予言・予測の意味になります。その他、文章の流れによっていろいろな表現があります。

それでは、＜（生きていけば）よい日（があるだろうか）＞の＜よい日＞を韓国語で書いてみましょう。＜よい／좋다＞と＜日／날＞が必要ですね。そして＜よい＞の＜좋다＞が未来連体形に変わらなければなりません。 まず、＜다＞を切り捨てて、残った＜좋＞にバッチムがあるので＜을＞を持ってくると＜좋을＞になります。そういうことで、＜よい日＞は＜좋을 날＞になります。ただこれは言語習慣によって現在連体形である〈은〉を持ってきて〈좋은 날〉という人も多いです。

⬛ 連体形になる時、脱落する〈ㄹ/ㅂ/ㅎ〉バッチム

① ＜ㄹ脱落＞

語尾＜다＞の直前に＜ㄹ＞バッチムのある形容詞が連体形となる場合、＜ㄹ＞バッチムは脱落します。これを＜ㄹ脱落＞といいます。

では、＜遠い国＞を韓国語で書いてみましょう。まず、＜遠い／멀다＞と＜国／나라＞が必要です。次に＜遠い＞の＜멀다＞を現在連体形に変えます。

それではまず、語尾＜다＞を切ります。さらに＜ㄹ＞バッチムを除去します。すると＜머＞になります。これにバッチムない時に使う現在連体形の＜ㄴ＞をもってくると＜먼＞になります。これで現在連体形になりましたので修飾を受ける名詞＜나라＞をつけると、＜遠い国＞は＜먼 나라＞になります。

ただ、過去連体形の場合は、＜ㄹ＞バッチムは脱落しませんので、注意してください。

② ＜ㅂ脱落＞

語尾＜다＞の直前に＜ㅂ＞バッチムのある形容詞が連体形となる場合、＜ㅂ＞バッチムを脱落させた後、必ず＜우＞をつけてから連体形化させます。これを＜ㅂ脱落＞といいます。

例えば、＜美しい人＞を韓国語で書いてみましょう。これには＜美しい／아름답다＞と＜人／사람＞が必要ですね。次に、＜美しい／아름답다＞という形容詞の基本形を、＜人／사람＞を修飾する＜現在連体形＞に変えないといけません。それで＜美しい＞の韓国語＜아름답다＞をみてみると、語尾＜다＞の直前の文字＜답＞にバッチム＜ㅂ＞があります。これが＜脱落＞のケースです。

それではまず、語尾＜다＞を切り捨てます。その後、さらにバッチム＜ㅂ＞を切り捨ててから＜우＞をつけると＜아름다우＞になりますね。

最後の文字＜우＞にバッチムが無いので、現在連体形である＜ㄴ／은＞の中でバッチム無い時につける＜ㄴ＞をもってくると、＜아름다운＞になります。これで現在連体形に変わりましたので修飾を受ける名詞＜人／사람＞を持ってくると＜美しい人＞は＜아름다운 사람＞になります。

③ ＜ㅎ脱落＞

語尾の直前に〈ㅎ〉バッチムのある動詞・形容詞が連体形となる場合、〈ㅎ〉バッチムは脱落します。これを＜ㅎ脱落＞といいます。

では、＜白い雪＞を韓国語で書いてみましょう。まず、＜白い／하얗다＞と＜雪／눈＞が必要です。次に＜白い＞の＜하얗다＞を現在連体形に変えます。

それではまず、語尾＜다＞を切ります。さらに＜ㅎ＞バッチムを除去します。すると＜하야＞になります。これにバッチムない時に使う現在連体形の＜ㄴ＞をもってくると＜하얀＞になります。これで現在連体形になりましたので修飾を受ける名詞＜눈＞をつけると、＜白い雪＞は＜하얀 눈＞になります。

ただ、過去連体形の場合は、〈ㅎ〉バッチムは脱落しませんので、注意してください。

以上を次にまとめて置きますので、よく理解してから本文と練習問題を通じて再確認しましょう。

	ㄹ 脱落	ㅂ 脱落	ㅎ 脱落
例文	遠い＋国 (멀다＋나라)	美しい＋人 (아름답다＋사람)	白い＋雪 (하얗다＋눈)
未来形	멀 나라	아름다울 사람	하얄 눈
現在形	먼	아름다운 사람	하얀 눈
過去形	멀었던 나라	아름다웠던 사람	하얗던 눈

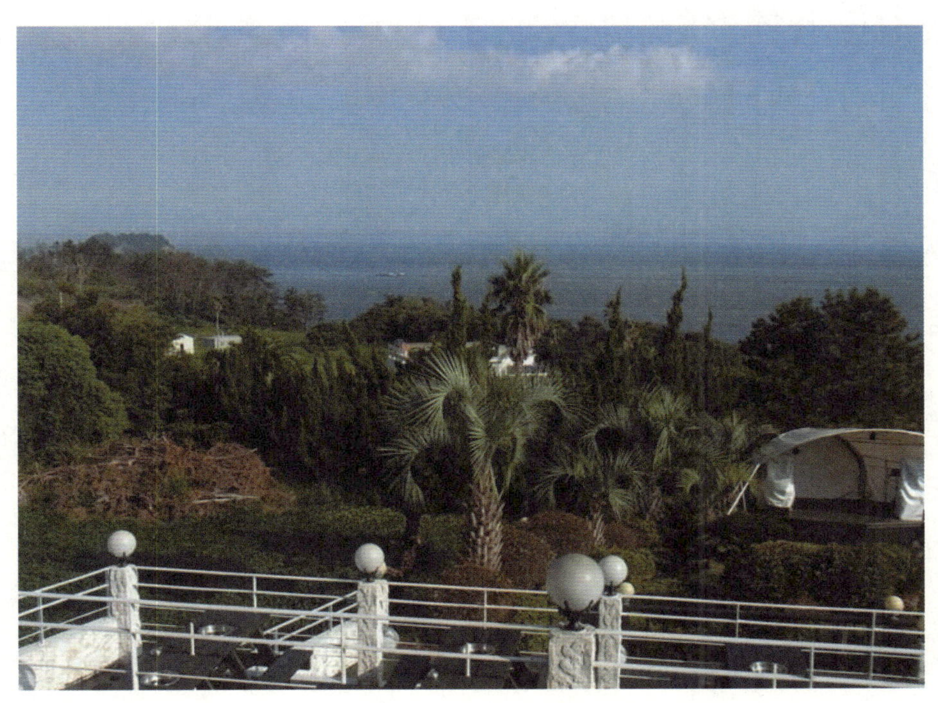

❖ 이 달엔 쉬는 날이 언제에요?

❖ 바로 어제였어요.

❖ 그러세요? 그래서 뭘 하셨어요.

❖ 오랜만에 집안 청소를 하고 쇼핑을 갔어요.

❖ 뭘 사셨어요?

❖ 예쁜 손수건을 한장 샀어요.

❖ 좀 보여 주세요.

❖ 네, 이거에요.

今月はお休みの日がいつですか。

ちょうど昨日でした。

そうですか。それで、何をされましたか。

久しぶりに家の掃除をして、買い物に行きました。

何を買われましたか。

綺麗なハンカチを１枚買いました。

ちょっと見せてください。

はい、これです。

本文の見なおし

① 이 (この)

　달(月)

　에는(には)　　　　　　　　　　　⚫ 엔

　쉬다(休む) ＋ 는(現在進行連体型)　⚫ 쉬는(休む)

　날(日) ＋ 이(が)　　　　　　　　⚫ 날이(日が)

　언제(いつ) ＋ 에요?(ですか)　　　⚫ 언제에요?(いつですか)

② 바로 (ちょうど)

　어제(昨日) ＋ 이다(〜である) ＋ 었(過去) ＋다(だ形)

　　　　　　　　　　　　　　⚫ 어제이었다(昨日だった)

　　　　　　　　　　　　　　⚫ 어제였다 ＋ 어요(です)

　　　　　　　　　　　　　　⚫ 어제였어요(昨日でした)

③ 그렇다 (そうだ) ＋ 시 (尊敬) ＋ 어요? (ですか)

　　　　　　　　　　　⚫ 그러시어요?(そうでいらっしゃるか)

　　　　　　　　　　　⚫ 그러세요?(そうですか)

　무엇(何) ＋ 을(を)　　⚫ 무엇을(何を) ⚫ 뭘

　하다(する) ＋ 시(尊敬) ＋ 었(過去) ＋ 다(だ形) ＋ 다 ＋ 어요?(ですか)

　　　　　　　　⚫ 하시었어요?(されましたか) ⚫ 하셨어요?

④ 오랜만에 (久しぶりに)

　집(家) ＋ 안(中)　　　　　　　⚫ 집안(家の中)

　청소(掃除) ＋ 를(を)　　　　　⚫ 청소를(掃除を)

　하다(する) ＋ 고(連用形〜て)　⚫ 하고(して)

　쇼핑(ショッピング) ＋ 을(を)　⚫ 쇼핑을(ショッピングを)

　가다(行く) ＋ 았(過去) ＋ 어요(です)

　　　　　　　　⚫ 가았어요(行きました) ⚫ 갔어요.

⑤ 사다 (買う) + 시 (尊敬) + 었 (過去) + 어요? (ますか)

        ➡ 사시었어요?(買われましたか) ➡ 사셨어요?

⑥ 예쁘다 (綺麗だ) + ㄴ (完了連体形)➡ 예쁜 (綺麗な)
   손수건(ハンカチ) + 을(を)　　　➡ 손수건을(ハンカチを)
   한장(1 枚)
   사다(買う) + 았(過去) + 어요(ます)

        ➡ 사았어요(買いました) ➡ 샀어요

⑦ 조금 (少し)　　　　　　　　➡ 좀
   보이다(見せる) + 어(連用形〜て)　➡ 보여(見せて)
   주다(くれる) + 시(尊敬) +어요(です)

        ➡ 주시어요 (ください) ➡ 주세요

⑧ 이것 (これ)　　　　　　　　➡ 이거
   에요 (です)

単語・語句

기억 記憶	사람 人	예쁘다 綺麗だ
아름답다 美しい	멀다 遠い	나라 国
엄마 ママ	달 月	쉬다 休む
날 日	언제 いつ	바로 ちょうど
어제 昨日	오랜만에 久しぶりに	집안 家の中
청소 掃除	쇼핑 ショッピング	사다 買う
손수건 ハンカチ	한장 1枚	좀 少し
보이다 見せる	사장님 社長	너무 とても
춥다 寒い	날씨 天気	즐겁다 楽しい
시절 時分・時	하얗다 白い	밉다 憎い
달다 甘い	건강 健康	신체 身体・体
바쁘다 忙しい	기억 記憶	공부 勉強
학생 学生	내일 明日	가지다 持つ
물건 品物	친절 親切	순경 お巡りさん
좋다 よい	맵다 辛い	엄하다 厳しい
～것 같다 ～しそうだ/～のようだ		재미없다 面白くない
영화 映画	얼굴 顔	아줌마 おばさん
뭘(무엇을) 何を	그러세요? そうですか	그래서 それで
비빔밥 ビビムバプ	드시다 召し上がる	계시다 いらしゃる
김치 キムチ	선생님 先生	자다 寝る
아기 赤ちゃん	～것 같다 ～しそうだ/～のようだ	

練習問題7

1 （　）の中の連用／連体形の基本形を書き、訳しましょう。

① 비빔밥을 (드시고) (계시는) 사장님

② (예쁘고) (아름다운) 사람

③ 너무 (추운) 날씨

④ (즐거웠던) 그 시절

2 次の動詞(하다) と(먹다) を指示通りの連体形に変えてください。

① 過去連体形

② 完了連体形

③ 現在進行連体形

④ 未来連体形

3 次の形容詞(하얗다) (믿다) (달다)を指示通りの連体形に変えてください。

① 過去連体形

② 現在連体形

③ 未来連体形

4 次の文章を日本語に訳し、傍線部の基本形を書きなさい。

① 건강한 신체.

② 바빴던 기억.

③ 공부하고 있는 학생.

④ 내일 가지고 갈 물건.

⑤ 친절했던 순경

⑥ 좋은 사람.

⑦ 매울것 같다.

5 （　）の中の単語を使って韓国語に書いてくだい。

① 甘いキムチ。(달다/김치)

② 厳しかった先生。(엄하다/선생님)

③ 面白くない映画。(재미없다/영화)

④ 寝ている顔。(자다/있다/얼굴)

6 CDの音を聞いて聞き書きしましょう。 🔊 14

解　答

第2部　文法偏

p. 60

|練|習|問|題|1

1
① 風邪ですか。
② 風邪です。
③ 欠席だ。
④ 残念です。
⑤ 旅行中だ。

2
① 한국이다.　　한국입니다.　　한국입니까?
② 일본 사람이다.　　일본 사람입니다.　　일본 사람입니까?
③ 나다.　　나입니다.　　나입니까?
④ 구두다.　　구두입니다.　　구두입니까?

3
① 칠　　　　　　　　② 십오
③ 이십 구　　　　　　④ 사십 삼
⑤ 팔십 육　　　　　　⑥ 오백 육십 팔
⑦ 천 구백 팔십 육　　⑧ 이천 오
⑨ 칠만 이백 사　　　　⑩ 십억 이만 삼천 구십 육

4
① 친구입니다.(友達です。)
② 오래간만입니다.(お久しぶりです。)

③ 유감입니다.(残念です。)

④ 칠백 이십 육(七百二十六)

1
① 멋있습니다.　　素適です。
② 바쁩니다.　　忙しいです。
③ 덥습니다.　　暑いです。
④ 춥습니다.　　寒いです。
⑤ 아픕니다.　　痛いです。

2
① 좋다.　　　　　② 싫다.
③ 자다.　　　　　④ 반갑다.
⑤ 만나다.　　　　⑥ 그렇다.

3
① 하다　　　합니다　　　합니까?
② 보다　　　봅니다　　　봅니까?
③ 있다　　　있습니다　　있습니까?
④ 신다　　　신습니다　　신습니까?
⑤ 자다　　　잡니다　　　잡니까?
⑥ 마시다　　마십니다　　마십니까?

4
① 천 구백 팔십 육년 유월 삼십일
② 이천 오년 팔월 이십 육일
③ 이천년 시월 팔일
④ 천 육박 팔십 이년 이월 십삼일

5
① 놀랍습니다.(素晴らしいです。)
② 아닙니다.(違います。)

③ 밉다.(憎い)

④ 배부르다.(お腹がいっぱいだ。)

練習問題3　　p. 71

1　① ク　　② エ　　③ ウ　　④ オ　　⑤ キ
　　⑥ ア　　⑦ イ　　⑧ カ　　⑨ ケ

2　① (는)　私は韓国人です。
　　② (은)　これは韓日事典だ。
　　③ (은)　その人は日本人です。
　　④ (는)　そこは美しいです。

3　① (이)　それが問題です。
　　② (가)　ここが板門店です。
　　③ (가)　どこが痛いですか。
　　④ (가)　子犬がとても可愛いです。

4　① (을)　何を見ますか?
　　② (를)　私をご存知ですか。
　　③ (을)　水を飲む。
　　④ (를)　テレビを修理する。

5　① 저는 오늘 아주 기쁩니다.
　　② 김치를 먹습니까?
　　③ 내일은 시간이 있습니까?
　　④ 불가능을 극복하다.

⑥ ① 오늘은 갑니다.(今日は行きます。)

② 저는 내일 쉽니다.(私は明日休みます。)

③ 사과가 좋습니다.(リンゴが好きです。)

④ 집이 큽니다.(家が大きいです。)

練習問題 4　　p. 80

① ① 썼다(=쓰었다・書いた) ➡ 쓰시다(お書きになる)

　　➡ 쓰시겠다(お書きになる)

② 좋았다(よかった) ➡ 좋으시다(いい) ➡ 좋으시겠다(いいはずだ)

➡ ＜좋으시다＞と＜좋으시겠다＞の訳は文章の流れによって若干違ってくるので、日本語で
表現しにくいです。

③ 폈다(=피었다・開いた) ➡ 피시다(お開きになる)

　　➡ 피시겠다(お開きになる)

➡ ＜겠＞の訳も日本語では表現しにくい時が多いです。

④ 읽었다(読んだ) ➡ 읽으시다(お読みになる)

　　➡ 읽으시겠다(お読みになる)

② ① 주시다 → 주십니다 → 주셨다 → 주셨습니다 → 주겠다 → 주겠습니다

② 계시다 → 계십니다 → 계셨다 → 계셨습니다 → 있겠다 → 있겠습니다.

③ 드시다 → 드십니다 → 드셨다 → 드셨습니다 → 먹겠다 → 먹겠습니다

④ 주무시다 → 주무십니다 → 주무셨다 → 주무셨습니다 → 자겠다 → 자겠습니다

③ ① 으로

➡ 手段・方法としての＜に＞です。バッチムがある時は＜으로＞、無い時は＜로＞になりま
す。ここでは＜に＞の直前の文字が＜이것＞の＜것＞であり、バッチムがあるので、
＜로＞ではなく＜으로＞が使われます。

② 에게

　➡ ＜に＞の前に人が来るとバッチムがある・無しに関係なく＜에게＞を使います。

③ 에

　➡ 方向を示す＜へ＞は、バッチムがある・無しに関係なく＜에＞を使います。

④ 의

⑤ 도

④ ① 先生は今、どこにいらっしゃいますか。

② おじいさんに誕生日のプレゼントを差し上げました。

③ 宿題は明日します。

④ 修学旅行は韓国の済洲島に決めた。

　• 정하다(決める) → 정하다＋았(過去形) → 정하았다 → 정했다(決めた)

⑤ ① 그는 어제 밤, 오오사카에 갔습니다.

② 천 구백 팔십 팔년 올림픽은 한국의 서울로 정해졌다.

　• ＜서울＞の＜울＞にバッチムがあるので、＜に＞は方向としての＜으로＞になります。しかし、バッチム＜ㄹ＞は無いのと同じく扱われます。それで＜서울으로＞ではなく＜서울로＞になります。

　• 정해지다(決まる) ＋었 → 정해지었다 → 정해졌다(決まった)
　　＜지었＞は＜졌＞に縮みます。

③ 나는 가방을 사장님에게 드렸다.

④ 아저씨도 그 소식에 깜짝 놀라셨다.

⑥ ① 친구를 만나다. (友達に会う。)

② 아저씨가 서울에 가셨다. (叔父さんがソウルへ行かれた。)

③ 숙제도 하겠다. (宿題もするつもりだ。)

④ 이것으로 정하다. (これに決める。)

1

① 좋아요(いいです)

② 먹어요(食べます、食べてください、食べましょう)

③ 해요(します、してください、しましょう)

➡ ＜하다＞から＜다＞を切り捨ててみると、残った＜하＞に＜ㅏ＞という陽性母音があるので＜아요＞がつきます。それで ＜하아요＞になり、＜해요＞に縮みます。

④ 예뻐요(かわいいです)

➡ ＜예쁘다＞から＜다＞を切り捨てると、左側の文字＜쁘＞に＜ㅡ＞という陰性母音があるので＜어요＞がつき、＜예쁘어요＞になります。それから＜쁘어＞が＜뻐＞に縮み＜예뻐요＞になります。

⑤ 우울해요(憂鬱です)

➡ ＜名詞＋하다＞は＜하다＞の会話体の丁寧語である＜해요＞になります。つまり、＜우울하다＞は＜우울+하다＞なので＜우울+하아요＞ ＝＜우울해요＞となります。

2

① 오늘은 휴일이에요.(今日は休日です。)

② 시험은 내일이에요.(試験は明日です。)

③ 나는 바보에요.(私はバカです。)

④ 우리 엄마는 전업 주부에요.(私の母は専業主婦です。)

・＜엄마＞は幼児語＜ママ＞と同じ感覚です。＜お母さん＞は＜어머니＞、＜お母様＞は＜어머님＞です。

・＜私＞の韓国語は、同年輩以下、もしくは親しい間柄に使われる＜나＞と、目上の人に対して使う＜저＞の二つがあります。また、＜나＞の複数型は＜우리＞、＜저＞の複数は＜저희＞ですが、韓国人の言語習慣として、複数でない場合も＜우리／저희＞をよく使います。

3

① 私の息子は寝癖がとても悪いです。

・＜私＞という単数形ですが、言語習慣として複数を使って＜우리＞となっています。しかし、単数の＜나＞を使っても大丈夫です。

➡ ＜私の＞の場合は次のように縮みます。＜나의 → 내＞、＜저의 → 제＞。

② 階段で転びました。

③ これでも持ってください。

④ その方は私の受け持ち(担当)先生です。

4 ① 우리 집에서 놀아요.

② 아이들이라도 좋아요?

➡ ＜子供＞は＜아이들＞と＜어린이＞の二つの言い方があります。

③ 회사에는 없었어요.

④ 장소는 도서관이에요.

5 ① 같이 가요.(一緒に行きましょう。)

② 만나요.(会いましょう。)

③ 지지미에요?(ちぢみですか。)

④ 저는 대학생이에요.(私は大学生です。)

練習問題 6　p. 94

1 ① 끝나고 or 끝나서

② 먹고

③ 쉬고

④ 아파서

• ＜아프다 + 어서 → 아프어서 ＝아파서＞

• ＜たまらない＞は、＜견딜수 없다＞＜못살겠다＞＜죽겠다＞です。直訳すると ＜耐えられない＞、＜生きていけない＞、＜死にそう＞です。ここでは＜生きていけない＞として訳しましたが、文章の流れをみてどちらにするかを判断します。これは韓国的な表現ですので、慣れるのに時間がかかるはずです。

⑤ 내려서

• ＜내리다 + 어서 → 내리어서＝내려서＞

(리어)は、(려)に縮みます。

2 ① (하다) 仕事をしています。

② (먹다) 海苔巻を食べています。

③ (자다) 二階で寝ています。

④ (하다) 洗顔して、歯を磨きました。

3 ① あまりにもたくさん食べて眠いです。

② 消しゴムがなくて探しました。

③ 掃除をしてとても綺麗です。

④ 会いたくて死にそうです。

➡ ＜〜して死にそうだ／＞は日本語にはない、韓国語特有の表現です。強いニュアンスのように見えますが、韓国人は普通の感覚でよく使っています。みなさんも使ってみてくださいね。

4 ① 회의를 끝내고 메일을 보냈어요.

② 기분이 나빠서 의자에 앉았어요.

・＜나쁘다 + 어서 →　나쁘어서 ＝나빠서＞

(쁘어)は、(빠)に縮みます。しかし、これは(나빠서)ともいいますので覚えておいてください。

③ 늦어서 미안해요

④ 너무 기뻐서 눈물이 났어요.

・＜기쁘다 + 어서 → 기쁘어서 ＝기뻐서＞

(쁘어)は、(빠)に縮みます。

5 ① そこには何があるのですか。

② ソウルから水原まで40kmです。

③ それを食べてからお腹がよくなかったです。

④ 今まで何をしましたか。

➡ ＜무엇을＞は＜뭘＞に縮みます。

⑥ ① 오오사카에는 친구가 있어요.

  (大阪には友達がいます。)

② 숙제는 1페이지부터 3페이지까지에요.

  (宿題は１ページから３ページまでです。)

③ 좋아서 죽겠어요.(よくて死にそうです／嬉しくて死にそうです)

  ➡ ＜～아서／～어서　죽겠다＞は、＜～くて死にそうだ＞という意味です。これは韓国人がよ
　　く使う表現の一つです。

④ 만나고 가요.(会ってから行きましょう。)

｜練｜習｜問｜題｜7 p. 106

① ① 드시다 /계시다

  ビビムバブを召し上がっていらっしゃる社長。

② 예쁘다 /아름답다

  綺麗で美しい人。

③ 춥다

  とても寒い天気

④ 즐겁다

  楽しかったその時分

  ・＜즐겁다(脱落) + 우(脱落後、必ずつく文字) + 었던(形容詞の完了形)

　　→ 즐거웠던(楽しかった) ＞(우었) は(웠) に縮みます。

② ① 했던/했었던　　　먹던/먹었던
　② 한　　　　　　　먹은
　③ 하는　　　　　　먹는
　④ 할　　　　　　　먹을

③ ① 하얗던　밉던/미웠던　달았던/달던
　② 하얀　미운　　　　단
　③ 하얄　미울　　　　달

4 ① 健康な身体。(하다)

② 忙しかった記憶。(바쁘다)

③ 勉強している学生。(하다 / 있다)

④ 明日持って行く品物。(가지다 / 가다)

⑤ 親切だったお巡りさん。(하다)

⑥ いい人。(좋다)

⑦ 辛そうだ。(맵다)

5 ① 단 김치

② 엄했던 선생님

③ 재미없는 영화

④ 자고 있는 얼굴

6 ① 자는 아기 (寝ている赤ちゃん)

② 먹을 것 (食べるもの＝食べ物)

③ 간 사람 (行った人)

④ 마시던 사이다 (飲んだサイダー)

⑤ 예쁜 아줌마 (綺麗なおばさん)

⑥ 좋은 날 (よい日)

第3部

会話偏

 ## 会話 1. あいさつ ①

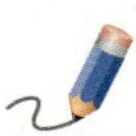

 **1**

❖ みなさん、今日は。　　　　　여러분, 안녕하세요.

❖ 先生、今日は。　　　　　선생님, 안녕하세요.

注 韓国語では、（おはようございます）（こんにちは）（こんばんは）はすべて（안녕하세요）です。

 ## 会話 2. あいさつ ②

2

❖ みなさん、ご苦労様でした。　　　여러분, 수고하셨습니다.

❖ 先生もお疲れ様でした。　　　선생님도 수고하셨습니다.

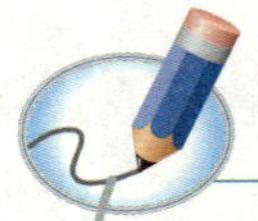 ## 会話 3. あいさつ ③

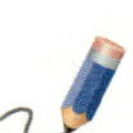

3

❖ さようなら。　　　　　안녕히 가세요.

❖ さようなら。　　　　　안녕히 계세요.

 ＜さようなら＞には韓国語で二つの言い方があります。

안녕히 계세요(〜居てください)

안녕히 가세요(〜行ってください)

つまり、立ち去る人は居残る人に(안녕히 계세요) といいます。それから、居残る人は立ち去る人に(안녕히 가세요) といいます。

会話 4. あいさつ ④

4

‡ とてもよくできました。　　　참 잘 하셨어요 .

‡ ありがとうございます。　　　감사합니다.

会話 5. 呼びかけ

5

‡ もしもし。　　　　　　　　여보세요.

‡ いらっしゃいますか?　　　계세요?

‡ どなたですか?　　　　　　누구세요?

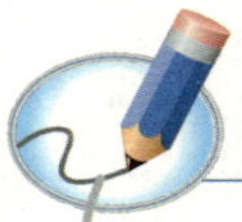 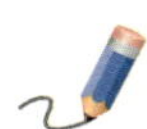

会話 6. 答え

 **6**

❖ わかりますか?　　　　　　　　알겠습니까?

❖ はい、わかります。　　　　　　네, 알겠습니다.

❖ いいえ、わかりません。　　　　아니요, 모르겠습니다.

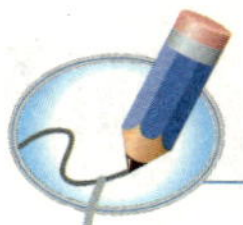 

会話 7. 自己紹介

7

❖ みなさん、今日は。　　　　　　　여러분, 안녕하세요.

❖ 私は金といいます。　　　　　　　저는 김이라고 합니다.

❖ 大阪にある大学に　　　　　　　　오오사카에 있는 대학에
　通っています。　　　　　　　　　다니고 있습니다.

❖ 現在一年生です。　　　　　　　　현재 일학년이에요.

❖ 専攻は歴史学で、　　　　　　　　전공은 역사학이고,
　将来、学者になりたいです。　　　장래에 학자가 되고 싶습니다.

❖ それから趣味は読書で、　　　　　그리고 취미는 독서이고,
　特技は水泳です。　　　　　　　　특기는 수영입니다.

❖ 故郷は北海道です。　　　　　　　고향은 홋카이도입니다.

❖ ここで皆さんに会えて　　　　　　여기서 여러분을 만나서
　嬉しいです。　　　　　　　　　　반갑습니다.

❖ これから宜しくお願いします。　　앞으로 잘 부탁합니다.

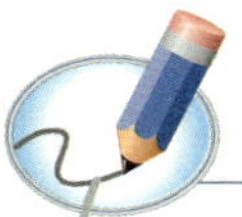

会話 8. 始めまして

8

初めまして。	처음 뵙겠습니다.
私は木村と申します。	저는 기무라라고 합니다.
お会いできて嬉しいです。	만나서 반갑습니다.
私は辻です。	저는 츠지입니다.
宜しく、お願いします。	잘 부탁합니다.
私こそ、宜しくお願いします。	저야말로 잘 부탁합니다.
ところで、辻さんはどこに住んでいますか。	그런데 츠지씨는 어디에 사세요?
私は大阪に住んでいます。	저는 오오사카에 삽니다.
木村さんは、どこに住んでいますか。	기무라씨는 어디에 사세요?
私は神戸に住んでいます。	저는 고오베에 삽니다.
では、また会いましょう。	그럼 자주 만납시다.

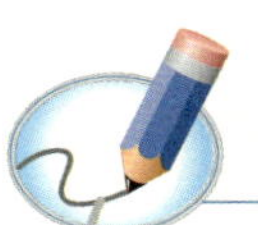

会話 9. 教室用語

9

今日も頑張りましょう。	오늘도 열심히 합시다.
では、テキスト二十ペ、ジを開いてください。	그럼, 텍스트 이십페이지를 피세요.

わかりました、先生。	알겠습니다. 선생님.
私の説明が分りますか。	내 설명을 알겠습니까?
いいえ、よくわかりません。	아니요, 잘 모르겠습니다.
では、もう一度しましょう。	그러면 한번 더 합시다.
こちらを見てくさい。	여기 보세요.
ついて言ってください。	따라 하세요.
発音してください。	발음하세요.
書いてください。	쓰세요.
スタート	시작.
次の時間に会いましょう。	다음 시간에 만나요.

会話 10. 電話

もしもし。	여보세요.
どなたですか。	누구세요.
そちらはアキさんのお宅ですか。	거기 아키씨 댁입니까?
はい、そうですが。	네, 그렇습니다만.
私はミキというものですが、アキさん、いらっしゃいますか。	저는 미키라는 사람입니다만, 아키씨 계십니까?
ちょっと待ってください。	잠깐 기다리세요.

✛ どうしましょう。	어떡하죠?
✛ ちょうど今、出かけたようですが。	지금 막 나갔는데요.
✛ では、また、お電話します。	그럼 또 전화하겠습니다.
✛ さようなら。	안녕히 계세요.

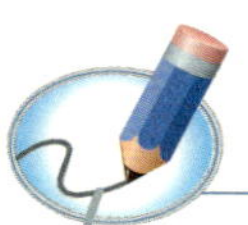 ## 会話 11. 道を尋ねる 

✛ すみません。	미안합니다.
✛ 道を尋ねたいですが。	길 좀 여쭙겠는데요.
✛ はい、どうぞ。	네, 그러세요.
✛ 東大門へ行きたいですが、どうやっていけばいいですか。	동대문 시장에 가려고 하는데 어떻게 가면 돼죠?
✛ 東大門ですか。	동대문 시장이요?
✛ この道をまっかぐ行かれればいいです。	이 길을 쭉 가시면 됩니다.
✛ そうですか。	그렇습니까.
✛ 本當にありがとうございます。	정말 고맙습니다.
✛ どういたしまて。	천만에요.
✛ 気をつけて行ってください。	조심해서 가세요.

 ## 会話 12. 趣味

12

ミカさんは趣味が何ですか。	미카씨는 취미가 뭐에요?
私の趣味はスポーツです。	제 취미는 스포츠에요.
特に水泳が好きです。	특히 수영을 좋아해요.
マコトさんの趣味は 何ですか。	마코토씨의 취미는 뭐에요?
私も水泳が好きです。	저도 수영을 좋아해요.
そうですか。	그러세요?
いつか一度、一緒に 行きましょう。	언제 한번 함께 갑시다.
はい、そうしましょう。	네 그럽시다.

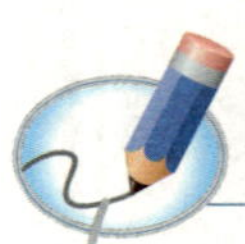 ## 会話 13. 買い物

13

いらっしゃいませ。	어서 오세요.
何をお見せしましょうか。	뭘 보여 드릴까요?
綺麗なカバン、ありますか。	예쁜 가방 있어요?
はい、ここにあります。	네, 여기 있습니다.

✛ これはいくらですか。	이거 얼마에요?
✛ １万７千円です。	만 칠천원이에요.
✛ 高いですね。	비싸네요.
✛ 少しまけてください。	좀 깍아 주세요.
✛ できません。	안 돼요.
✛ そうおっしゃらず、 少しまけてください。	그러지말고 조금만 깎아 주세요.

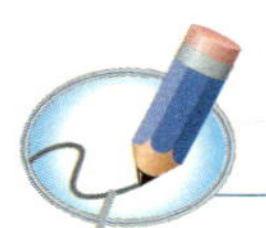

会話 14. 避暑

✛ 最近、お天気がとても 暑いですね。	요즘 날씨가 무척 덥네요.
✛ そうでしょう。	그렇지요?
✛ 暑くて死にそうです。	더워서 죽겠어요.
✛ 夏にはどこか避暑でも 行って来られたのですか。	여름엔 어디 피서 좀 갔다 오셨나요?
✛ いいえ。	아니요.
✛ 今回は時間が無くて	이번에는 시간이 없어서
✛ 行けなかったです。	못 갔어요.
✛ そうですか。	그래요.
✛ それはとても残念ですね。	그거 참 유감이군요.

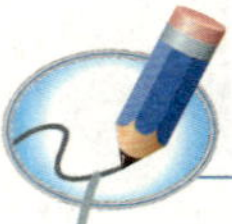
会話 15. メール

今日は。	안녕하세요.
メールを送ってくださって 本當にありがとうございました。	메일을 보내 주셔서 정말 감사합니다.
今、頑張って韓国語を 習っているのですが、 なかなか、よくできません。	지금 한국어를 배우고 있습니다만 좀처럼 잘 되지 않습니다.
それでメール書くのが 遅くなりました。	그래서 메일 쓰는것이 늦어졌습니다.
それからお誕生日 おめでとうございます。	그리고 생일 축하합니다.
プレゼントを贈りました。	선물을 보냈습니다.
お気に入ってくれればいいですが。	마음에 드시기를 바랍니다.
では、今日はこの辺で 失礼します。	그럼 오늘은 이쯤에서 실례하겠습니다.

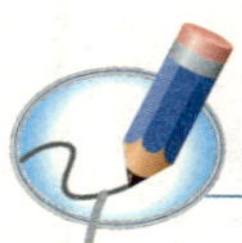
会話 16. 病院にて

どこが具合悪いですか。	어디가 편찮으세요?
あの、昨日の夜から熱があって	저, 어젯밤부터 열이 나고

	寒気がするんですが。	으슬으슬 춥네요.
✢	そうですか。	그러세요?
✢	じゃ、どれ、みてみましょう。	자, 어디 봅시다.
✢	お口を大きく開けて ＜ア＞といってみてください。	입을 크게 벌리고 〈아〉 해보세요.
✢	次に、あそこに 横になってください。	그 다음에 저기 가서 누우세요.
✢	はい、診察終わりました。	네, 진찰 끝났습니다.
✢	先生、風邪でしょう？	선생님, 감기지요?
✢	そうですね。風邪です。	그렇네요. 감기에요.

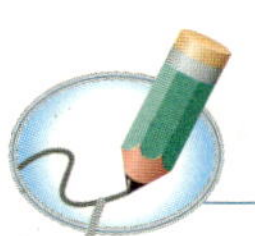 

会話 17. ホテルにて 

✢	空き部屋はありますか。	빈 방 있어요?
✢	どんな部屋がお好きですか。	어떤 방을 원하십니까?
✢	浴室がついてある静かな部屋で お願いします。	욕실이 딸린 조용한 방으로 부탁합니다.
✢	この部屋はお気に召されますか。	이 방은 마음에 드십니까?
✢	はい、とても気に入ります。	네, 아주 마음에 듭니다.
✢	一日、おいくらですか。	하루에 얼마지요?
✢	一日、五万ウォンです。	하루에 오만원입니다.

❖ 今、チェック インしても 　いいですか。	지금 체크인해도 됩니까?

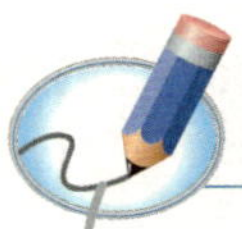

会話 18. 空港にて

 **18**

❖ パスポートを見せてください。	패스포드를 보여 주세요.
❖ い、ここにあります。	네, 여기 있습니다.
❖ 入国の目的は何ですか。	입국 목적은 무엇입니까?
❖ 仕事と観光です。	업무와 관광입니다.
❖ 職業はなんですか。	직업은 무엇입니까?
❖ 会社員です。	회사원입니다.
❖ 宿泊先はどこですか。	어디에 묵으실 예정입니까?
❖ シンラホテルです。	신라 호텔입니다.
❖ はい、いいです。	네, 좋습니다.
❖ 楽しいご旅行になりますように。	좋은 여행 되세요.

会話 19. レストランで

 **19**

❖ 予約しましたが。	예약했는데요.

✤	はい、こちらへどうぞ。	네, 이쪽으로 오세요.
✤	何を注文なさいますか。	무엇을 주문하시겠습니까?
✤	メニューを見せてください。	메뉴를 보여 주세요.
✤	これにします。	이것으로 하겠습니다.
✤	飲み物はいかがですか。	마실 것은 뭘로 드릴까요?
✤	コーラにします。	콜라로 주세요.
✤	それからデザートに アイスクリームをください。	그리고 디저트로 아이스크림을 주세요.
✤	はい、かしこまりました。	네 알겠습니다.
✤	お勘定をお願いします。	계산해 주세요.

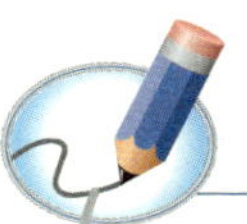

会話 20. 友達に会いに

✤	今日は。ジンソクのお母さん。	안녕하세요, 어머니.
✤	ジンソクは今家にいるでしょうか。	진석이 지금 집에 있나요?
✤	そうだね。今、家にいないね。	글쎄, 지금 집에 없어.
✤	用事があって出かけてのだが。	볼일이 있어서 나갔는데.
✤	いつ出かけたのですか。	언제 나갔지요?
✤	約二時間前に出かけたよ。	한 두시간쯤 전에 나갔어.
✤	あ、そうですね。	네 그렇군요.
✤	どうしょう。久しぶりに来たのに。	어떡하지? 오랜만에 왔는데.

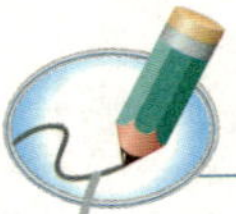

会話 21. 好きな食べ物

21

❖ 私は日本の食べ物が好きですが
韓国の食べ物もとても好きです。

저는 일본 음식을 좋아 하지만
한국 음식도 참 좋아해요.

❖ 特に好きなのは焼肉です。

특히 좋아하는 것은 불고기에요.

❖ もちろん、ビビムバプや
他の食べ物もやはり好きですが、
辛いものはあまり
よく食べられません。

물론 비빔밥이나
다른 음식도 역시 좋아하지만,
매운 것은
잘 못 먹어요.

❖ それで、辛くない海苔巻きと
ソルロンタンはとても好きです。

그래서 맵지 않은 김밥과
설렁탕은 아주 좋아해요.

❖ その他に嫌いな食べ物は
無い方です。

그 외에 싫어 하는 음식은
없는 편이에요.

会話 22. テレビを見る

22

❖ 今、何時?

지금 몇 시야?

❖ なぜですか。

왜요?

❖ 約束でもありますか。

약속 있어요?

❖ いや、今日、日本チームと
サッカの中継があるそうだ。

아니, 오늘 일본팀하고
축구 중계가 있대.

- そうですか、知らなかった。　　　그래요? 몰랐네.
- 早くテレビをつけてみて。　　　빨리 테레비 켜 봐.
- 分りました。　　　알았어요.
- ほら、今やっているだろう。　　　거 봐, 지금 하지?

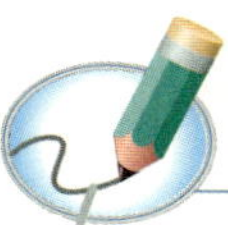
会話 23. 体重

- 歳をとると太くなる。　　　나이를 먹으면 뚱뚱해진다.
- それで一生懸命に
  運動をし始める。　　　그래서 열심히
  운동을 하기 시작한다.
- 縄跳びをしたり
  食事の量を減らせたり
  電車ででも座らず
  できるだけ立っている。　　　줄넘기를 하거나
  식사량을 줄이거나
  전철에서도 앉지 않고
  될 수 있는 대로 서 있는다.
- それなのに体重は
  全然減らない。　　　그런데도 몸무게는
  전혀 줄지 않는다.
- それがヘランには
  理解できない。　　　그것이 혜란이에게는
  이해가 안간다.

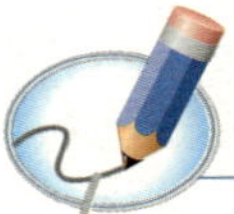 

会話 24. 偶然、同級生に出会う

✤ 友達と食事しにレストランに 入ろうとしたら	친구와 식사하러 레스트랑에 들어 가려고 하는데
✤ あのですね、 ちょっとお聞きしますが。 と、見知らぬ人が 話をかけてきた。	"저기요, 말씀 좀 여쭙겠는데요" 라고 모르는 사람이 말을 걸어 왔다.
✤ はい、何ですか。 と、私が聞くと、	"네, 뭔데요?" 라고 내가 묻자,
✤ あの、もしかしてですね、 ソウル小学校を 卒業されませんでしたか。	"저기 혹시요, 서울 초등학교 안 나오셨어요?"
✤ 後でわかったが、 同じ小学校の卒業生だった。	알고 보니 초등 학교 동창생이었다.

会話 25. あなたの干支は?

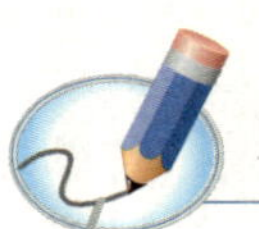  

✤ スジンさんはいつ見ても 若くみえますね。	수진씨는 언제 봐도 젊어 보이시네요.
✤ どんでもないです。	별 말씀을요.

✤	最近は体が思うようにいきません。	요즘은 몸이 말을 안들어요.
✤	四十歳にもなっていないのに そんなことおっしゃると 罰当たりますよ。	40도 안돼서 그런 소리 하시면 벌받아요.
✤	あらま、私の歳が いくつだと思いますか。	어유, 제 나이가 몇인데요.
✤	失礼ですが、今年、 おいくつですか。	실례지만 올해 몇이세요?
✤	私、牛年です。	저 소띠에요.
✤	そんな！	저런!
✤	到底信じられませんね。	도저히 믿을 수가 없군요.
✤	うわべだけそうです。	보기만 그래요.
✤	中身は完全に老人ですってば。	속은 완전히 노인이라니까요.

第4部

長文翻訳偏

지금 옆집 아기는 참 예쁠 때입니다.

빨간 스커트가 무척 잘 어울려요.

나이는 세 살이고 여름에 태어났습니다.

우리 동네는 여름에는 맛 있는 과일이 많이 나오고 공기도 참 좋지요.

하지만 날씨가 너무 더워요.

아가의 예쁜 얼굴에 땀띠가 날 정도입니다.

아주 화가 나요.

그래서 저는 더운 것을 싫어 하지요.

지금 저는 냉장고 안에 있는 차가운 쥬스를 마시며 문학 책을 읽고 있어요.

참 재미있어요.

여러분도 저와 함께 읽어 보실까요?

今、隣の赤ちゃんはとても綺麗な時期です。
赤いスカートがとてもよく似合います。
年齢は３歳で、夏に生まれました。
我が村は夏にはおいしい果物がたくさん出て来て空気もとてもいい

です。
しかし、天気があまりにも暑いです。
赤ちゃんの綺麗な顔にあせもができるほどです。
とても腹が立ちます。
それで、私は暑いのが嫌いです。
今、私は冷蔵庫の中にある冷たいジュースを飲みながら文学の本を
読んでいます。
とてもおもしろいです。
みなさんも私と一緒に読んで見ましょうか。

2. 〈天才〉

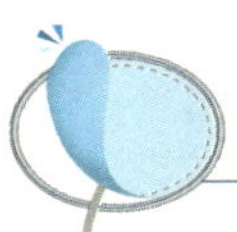
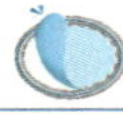

그 집은 언덕 위에 있었다. 회색 집이었다.

주위에는 큰 단풍 나무가 두 그루 슬프게 서 있었고 길에는

집 없는 고양이나 강아지, 그리고 먼지와 종이 조각이 날라

다니고 있었다.

그 날은 바람이 부는 대신 비가 내리고 있었다.

우리의 〈천재〉는 의자에 앉아 책을 읽으며 잠시 화병의 장

미 꽃을 바라 보았다.

그것은 노란 장미였다.

아주 예쁜 그 꽃 속에서 왠지 아픔이 느껴진다.

그리고 보니 내일이 바로 죽은 아내의 일주년이 되는 날이다.

아내는 삼년을 아팠다.

〈천재〉는 아침 일찍 시장에 나가 아내가 좋아 하는 신선한 생선과 과일을 사 가지고 바쁘게 집으로 돌아 왔다.

그리고 이것 저것 신경을 써서 맛 있게 죽을 끓였다.

아내는 〈미안해요〉라고 조그만 소리로 중얼거린다.

〈그런 말 하지마〉

〈천재는〉 일부러 재미있는 얼굴을 만들어 아내를 즐겁게 했다.

その家は丘の上にあった。灰色の家だった。

周りには大きい紅葉の木が二本、悲しく立っていて道には家の無い猫（野良猫）や、小犬、それから埃と紙屑が飛んでいた。

その日は、風が吹く代わりに、雨が降っていた。

われわれの＜天才＞は椅子に座って本を読みながらしばらく花瓶のバラの花を眺めて見た。

それは黄黄色いバラだった。

とても綺麗なその花からなぜか痛みが感じられる。

そうしてみると、明日がちょうど死んだ妻の一周忌になる日だ。

妻は三年を病んだ。

<天才＞は朝早く市場に出て、妻が好きな新鮮な魚と果物を買って、急いで家に帰って来た。

それからあれこれ気を使って美味しくおかゆを炊いた。

妻は＜ごめんなさい＞と、小さい声で呟く。

＜そんなこというな。＞

＜天才＞はわざと面白い顔を作って妻を楽しませた。

3．3級〈理解〉問題

다음 문장은 〈제 4회 한국어 능력 시험 문제〉의 〈3급 이해〉 문제에서 출제되었던 문제입니다.

아직 배우지 않은 문법도 많이 나오지만 사전을 찾아 가면서 읽고 번역해 봅시다.

일을 하다가 칼에 손가락을 베이고 말았다.

그렇게 크게 다친 것은 아니었지만 한 손가락을 쓰지 못하니 불편한 점이 한 두가지가 아니었다. 보통 때는 다섯 손가락을 모두 사용하는게 너무나 당연해서 고마운 줄을 몰랐는데 이렇게 다치고 나니 그것이 얼마나 고마운 것인지

새삼 느끼게 되었다.

그러고 보니 우리 주변에는 감사 할 일들이 너무 많은 것 같다.

공기처럼 항상 곁에 있어서 잊고 지내던 많은 것들에 감사하는 마음으로 살아가야겠다.

問題次の文章は＜第4回　韓国語能力試験問題＞の＜3級　理解＞問題から出題された問題です。

まだ、習っていない文法もたくさん出ているが、辞書を引きながら読んで翻訳してみましょう。

仕事の途中、ナイフに指を切られてしまった。

それほど酷く怪我したのではないが一本の指が使えないと、不便な点が一つ、二つではなかった。

通常は五つの指をすべて使うのがあまりにも当たり前なのでありがたみが分らなかったが、このように怪我をしてみるとそれがどれほどありがたいことなのか、改めて感じた。

そうしてみると、我々の周辺には感謝すべきことがあまりにも多いようだ。

空気のように常に側にいて、忘れて過ごしていた多くのことに感謝する気持ちで過ごさなければならない。

달호는 한달 반전에 태어난 잡종 강아지다.

일주일 전에 아이들과 함께 집에 데리고 왔는데 그때만해도 정말 아가였다.

이틀동안 이불에서 함께 자고 놀았다.

그런데 집에서 달호의 똥 오줌 냄새가 진동하고 그 작은 털들이 여기 저기 빠져서 날리는 것을 보고 현관 밖으로 잠자리를 이동해 주었다.

그 날 밤, 달호는 자지 않고 깽깽거렸다.

하지만 그것도 잠시 뿐, 나가서 안아주니 그대로 잠이 들어 버렸다. 정말 귀여운 아가다.

다음 날부터는 울지 않았다.

내가 집 안으로 들어 가는데 따라 들어 오지도 않았다.

지금도 저 혼자 열심히 물고 당기고 놀고 있다.

천진난만한 강아지!

참, 달호는 일본 이름 타로우의 한국식 발음이다.

타로우라는 이름에 익숙하지 않은 할머니가 달호라고 부르신 것에 타로우는 자연스럽게 달호가 되어 버린 것이다.

タルホは一ヶ月半前に生まれた雑種の子犬だ。

一週間前に子供達と一緒に家に連れてきたのだがその時にしても本当に赤ちゃんだった。

二日間布団の中で一緒に寝て、遊んだ。

ところで、家からタルホの排便の臭いが漂い、その小さい毛があちこち抜け散らかるのを見て玄関の外にねぐらを移動してやった。

その日の夜、タルホは寝なくてうんうんと唸った。

しかし、それも暫くの間、出て行って抱いてやるとそのまま眠りに入ってしまった。

本当に可愛いあかちゃんだ。

次の日からは泣かなかった。

私が家の中に入ってもついて来なかった。

今も自分一人で一生懸命に嚙んだり引っ張ったりして遊んでいる。

無邪気な子犬。

あ！タルホは日本の名前である太郎の韓国風の発音だ。

太郎という名前に慣れないお祖母ちゃんがタルホと呼ばれたことから太郎は自然にタルホになってしまったのだ。

바람이 선들 선들 불고 아침 저녁으로 시원한게 어느듯 가을인가 보다. 이런 시원한 날, 계곡에 물 놀이를 갔으면 얼마나 추웠을까? 안 가기를 참 잘 했다.

친구 가족은 지금 가평 계곡으로 피서를 갔다. 우리 가족도 함께 물 놀이 하러 가기로 했는데 아이들이 서울 할아버지 댁에 가느라고 취소한 것이다. 이런 날은 뜨거운 커피를 마시며 좋은 영화라도 보고 싶다. 하지만 그것도 마음 뿐, 지금 나는 달호, 즉 타로오의 재롱을 만끽하며 밀린 청탁 원고를 마무리 하기 위해 책상에 앉아 있다. 텃밭에 심어 놓은 파, 상추, 과꽃은 시원한 바람에 나부끼며 그 푸르름을 선명히 하고, 빨간 고추 잠자리가 산책 나온 듯 낮게 맴돌고 있는 평화로운 오후의 한 때. 이런 시간이 내게는 너무도 소중하고 행복하다.

20여년간 연탄 배달을 하며 사위에 손주까지 본 옛 친구가 오랜만에 만난 내 손을 꼬옥 쥐며 〈행복이 뭐 별거에요? 세끼 밥먹고 자식들 편안하면 그만이지〉라고 한 말이 불현듯 떠오른다.

風がそよそよ吹いて朝晩、涼しいのがいつの間にか秋のようだ。
このような涼しい日、渓谷へ水遊びに行ったならばどれほど寒かった
だろうか。
行かなかって、本当によかった。
友達の家族は今カピョンの渓谷へ避暑に行った。
私の家族も一緒に水遊びに行く予定であったが、子供達がソウルの
お祖父さんの家に行かなければならなかったので中止したのでる。
こんな日は熱いコーヒーを飲みながらよい映画でも見たい。
しかし、それも気持ちだけ、今私はタルホ、つまり、太郎の可愛いら
しい仕草を見て満喫しながら溜まった請託原稿を仕上げるために机
に座っている。
家の畑に植えてある菠、サニーレタス、アスターは涼しい風に揺れ
ながらその青さを増していて、赤とんぼが散策しているように低く
旋回している平和な午後の一時。
このような時間が私にはとても大事で幸せだ。
二十余年間、練炭の配達をしながら婿にお孫まで得た友人が久しぶ
りに会った私の手をそっと握りながらく幸せって、大した事じゃない
でしょう。
一日三食、食べられて子友達が元気ならそれでいいでしょう＞と言っ
た言葉がふっと思い出す。

연세를 드시면 동물을 좋아하게 되는 것일까?

우리 엄마가 동물을 싫어 하셔서 옛날에 개를 기를 때도 불평이 이만 저만이 아니셨는데 이번에 기르는 강아지는 아주 예뻐하시니 말이다.

문을 열고 나가면 달호가 기달렸다는 듯이 발에 달려 들어 깨물며 재롱을 피운다. 어려서 살살 무는 것을 모르는지 몸을 던져 가며 있는 힘을 다해 물고 늘어지면 얼마나 아픈지 모른다. 그럴 때마다 엄마는 요리 저리 피하시며 〈아야, 아야, 비켜!〉하시며 깔깔거리신다.

애써서 가꿔 놓으신 텃밭을 파헤쳐서 똥을 싸고, 야채를 물어 뽑아 놓아도 〈저 놈, 저 놈, 못 된 짓만 하네, 미운 놈!〉이라고 말로만 야단치실 뿐 얼굴엔 사랑스런 웃음으로 가득하다.

그리고 보니 치매 현상이 있는 노인들에게 고양이나 개를 기르게 했더니 큰 효과가 있었다는 신문 기사를 본 적이 있다.

특히 개는 인간과 가장 가까운 동물로, 정을 나눌 수 있는 아주 좋은 상대라고 한다. 앞으로 엄마의 마음을 훈훈하게 해줄 달호의 활약을 크게 기대한다.

歳を召されると動物が好きになるのだろうか。

私の母が動物嫌いで、昔、犬を飼う時も不満が並大抵でなかったのに今回飼っている子犬はとても可愛がられるからである。

ドアを開けて出て行くとタルホが待ってましたといわんばかりに足に走りよって可愛らしく振舞う。

幼いので、加減が分らないのか、体を投げながら、ありったけの力で食い下がってどれほど痛いか分らない。

そのような時はいつも、母はあちこち避けながら＜痛い、痛い、退いて!＞と、おっしゃいながら高らかに笑われる。

骨を折って育てられた家の畑を暴いてウンチをし、野菜を嚙み取り出しても＜あいつ、あいつ、悪い事ばかりする、憎たらしいやつ!＞と口だけで怒るだけ、お顔には愛らしい微笑でいっぱいだ。

そうしてみると、侵害現象がある年寄りに猫や犬を育てるようにしたら大きい効果があったという新聞記事を見たことがある。

特に犬は人間と一番近い動物であって、情を交わせるとてもよい相手だという。

これから母の心を暖かくさせてあげるタルホのか活躍を大いに期待する。

수원에 있는 화성이 유네스코에서 지정하는 세계 문화 유산에 등록되었다고 해서 그런지 수원 거리가 아주 깨끗해진 것을 느낀다. 예전엔 쓰레기가 아무데나 떨어져 있고 종이 조각이 여기 저기 굴러 다녀 외국인을 모셔 와도 은근히 창피했었는데 이제는 몰라 보게 깨끗해져 감짝 놀랄 정도다. 그리고 식산업이 얼마나 번창하고 있는지 어디를 가도 먹는 장사뿐이다. 한국인은 〈외상이면 소도 잡아 먹는다〉는 속담이 있을 정도로 먹을 것을 중시하는데 그런 국민성이 요즘의 세태에 잘 나타나고 있는 것 같다.

일본에 비해 특히 싼 것은 교통비! 그 중에서도 택시비가 얼마나 싼지, 택시는 누구라도 부담없이 이용하는 교통 수단중의 하나다. 하지만 불경기가 계속되어 손님을 찾지 못해 줄지어 대기하고 있는 택시의 긴 줄을 보면 안타까움을 느낀다.

한 때 택시 운전사의 횡포가 사회 문제로 대두 된 바 있는데, 외국 손님들도 많이 오시니까 하루 빨리 개선되어 주기를 바랄 뿐이다.

水原にある華城がユネスコで指定する世界文化遺産に登録されたといってそうなのか水原の街がとても綺麗になったのが感じられる。

昔はゴミがどこにでも落ちてあり、紙切れがあちこち転がって、外国の方をお招きしてもひそかに恥ずかしかったのだが、今は見違えるほど綺麗になってびっくりするほどだ。

それから食産業がどれほど繁盛しているのか、どこへ行っても飲食店だらけだ。

韓国人は〈ツケなら牛も食べる〉ということわざがあるほど、食べることを大事にしているのだが、そのような国民性が近頃の世態によく表れているようだ。

日本に比べて特に安いのは共通費！ その中でもタクシー代がどれほど安いのか、タクシーは誰でも負担なく利用する共通手段の中の一つだ。

しかし、不景気が続いて、お客を見つからず列を並んで待機しているタクシーの長い列をみるともどかしい。

一時、タクシー運転手の横暴が社会問題として台頭されたことがあるが、外国のお客さんも頻繁に来られるから一日も早く改善されていることを願うのみである。

第5部

その他の文法偏

1. 数字 ①

❖ 数字の読み方は日本と同じく２種類があります。一つは漢字の読み方で、日本語の＜いち、に，さん＞にあたるものです。もう一つは、韓国固有の読み方で、日本語の＜ひとつ、ふたつ、みっつ＞にあたるものです。ここではまず、漢字の読み方である日本語の＜いち、に，さん＞にあたるものを覚えましょう。

一	二	三	四	五	六	七	八	九	十	百	千	万	億
일	이	삼	사	오	육	칠	팔	구	십	백	천	만	억

❖ 漢字の読み方の数字に年月日をつけると何年、何月、何日になります。年にあたる韓国語は＜년＞、月は＜월＞、日は＜일＞です。ただ、６月と１０月の読み方が習ったものと違うので次にまとめて置きます。

1月	일월	7月	칠월
2月	이월	8月	팔월
3月	삼월	9月	구월
4月	사월	10月	시월
5月	오월	11月	십일월
6月	유월	12月	십이월

2. 数字 ②

❖ 日本語の＜ひとつ、ふたつ、みっつ＞に当たる韓国固有の読み方を習いましょう。

1	2	3	4	5	6	7	8	9	10
하나	둘	셋	넷	다섯	여섯	일곱	여덟	아홉	열

20	30	40	50	60	70	80	90	100	
스물	서른	마흔	쉰	예순	일흔	여든	아흔	백	

❖ 上記の固有数字の次に＜一時＞＜三本＞＜四人＞のように＜時／本／人＞など、単位を表す名詞が来ると、１から４までの読み方が若干変わります。ただし、５から１０までの読み方には変わりありません。では、時刻を表す＜時＞を使って読み方の変わりを書き記しますので覚えてください。

1 하나 ＋ 시	한시
2 둘　＋ 시	두시
3 셋　＋ 시	세시
4 넷　＋ 시	네시
5 다섯 ＋ 시	다섯시
6 여섯 ＋ 시	여섯시
7 일곱 ＋ 시	일곱시
8 여덟 ＋ 시	여덟시
9 아홉 ＋ 시	아홉시
10 열　＋ 시	열시
11 열 하나＋ 시	열 한시
12 열 둘 ＋ 시	열 두시

3．指示代名詞

❖ 次に指示代名詞をまとめて置きます。文章の基本となるものですのでしっかり覚

えてください。

<table>
<tr><td>この</td><td>이</td></tr>
<tr><td>その</td><td>그</td></tr>
<tr><td>あの</td><td>저</td></tr>
<tr><td>これ</td><td>이것(이거)</td></tr>
<tr><td>それ</td><td>그것(그거)</td></tr>
<tr><td>あれ</td><td>저것(저거)</td></tr>
<tr><td>ここ</td><td>이곳(여기)</td></tr>
<tr><td>そこ</td><td>그곳(거기)</td></tr>
<tr><td>あそこ</td><td>저곳(저기)</td></tr>
</table>

4．助詞

❖ 助詞を次にまとめて置きます。

も		도
の		의
に、へ	○	으로
（方向・手段・方法・道具）	×	로

（場所）		에
（人）		에게
で（場所）		에, 에서
でも	○	이라도
	×	라도
では		에는, 에서는
には		에는
から/より		부터, 에서, 에서부터
まで		까지

5. 丁寧語の特殊語尾

❖ ＜名詞＞の丁寧語は「第・1課」で、＜動詞・形容詞＞の丁寧語は「第2課」で、それらのの会話体丁寧語は「第5課」で説明しました。ここでは＜動詞・形容詞＞以外の品詞を丁寧語に変える特殊語尾を上げて置きます。

＜動詞・形容詞＞		요
以外の品詞を丁寧語に変える特殊語尾		
＜名詞＞を丁寧語に変える	○	～이요
特殊語尾	×	～요

지요 でしょう	名詞	○ ~이지요
		× ~지요
	動詞・形容詞	~지요

군요 ですね	名詞	○ ~이군요
		× ~군요
	動詞	~는군요
	形容詞	~군요

네요 ですね	名詞	○ ~이네요
		× ~네요
	動詞・形容詞	~네요

나요? ですか	動詞・形容詞	~나요?

가요? ですか	動詞	~는가요?
	形容詞	~ㄴ가요?

7．〜しに

○　〜으러
×　〜러

8．可能形（〜することができる／できない）

〜することができる	○　〜을 수 있다.
	×　〜ㄹ 수 있다.
〜することができない	○　〜을 수 없다.
	×　〜ㄹ 수 없다.

9．否定①（〜ではない）

〜ではない	○　〜이 아니다.
	×　〜가 아니다.
	○　〜은 아니다.
	×　〜는 아니다.

10. 否定② （～できない/ ～しない）

～できない	못 ＋ 動詞
	動詞 ＋ ～지 못하다
～しない	안 ＋ 動詞
	動詞 ＋ ～지 않다

11. ～が好きだ/ ～が嫌いだ

～が好きだ	～가(이) 좋다
～が嫌いだ	～가(이) 싫다
～を好む	～를(을) 좋아하다
～を嫌う	～를(을) 싫어하다

12. 伝言

名詞	現在形	○	～이래요
		×	～래요
	過去形	○	～이었대요
		×	～였대요
動詞	現在形	○	～는대요
		×	～ㄴ대요
	未来・推測		～겠대요
	過去形		았(었)대요
形容詞	現在形		～대요
	未来・推測		～겠대요
	過去形		았(었)대요

肯定文	動詞・形容詞		会話体の丁寧語語尾から＜요＞を取る。
	名詞		(이)야
	動詞・形容詞	存在形	이다/없다/있다
		意思・推測	겠다
		現在形	基本形＋ㄴ(는)다
		過去形	았(었)다
疑問文	動詞・形容詞		会話郎の丁寧語語尾から＜요＞を取る。 냐? 니?
	名詞		(이)냐?/ (이)야?/ (이)니?

14. 干支

鼠	牛	虎	兎	龍	蛇
쥐	소	호랑이	토끼	용	뱀
馬	羊	猿	鶏	犬	豚
말	양	원숭이	닭	개	돼지

❖ 日本と違うのはす＜とり＞と＜いのしし＞です。韓国では＜鶏＞＜豚＞になります。それから＜〜年＞は＜〜띠＞といいます。だから＜馬年＞は＜말띠＞といいます。

15. 名前の呼び方

名前の最後の文字に
받침がある時　　　　　　　　　　아

ない時　　　　　　　　　　　　　야

- -

＜名前の後に助詞が來る場合＞

名前の最後の文字に　　　　　　　이
받침がある時

ない時　　　　　　　　　　　　　×

16. 終結語尾

(動詞・助動詞)

現在進行形・未来・
動作・意志・断定・
状態

○ 〜는다
× 〜ㄴ다

事実・完了・
普遍的な事柄・

基本形

❖ これは文章の語尾の変化に関するものです。ただし、動詞・助動詞に限ります。

付 録

発音規則

① 받침の後に〈ㅇ/ㅎ〉が来ると、받침は〈ㅇ/ㅎ〉の場所に移動。

> **例**
>
> 이름이　　→　이르미
> 결혼　　　→　겨론

② 받침〈ㅇ〉は発音する。〈ㅎ〉は発音しない。

> **例**
>
> 영어　　　→　영어
> 흥하다　　→　흥하다

받침〈ㅎ〉は発音しない。(それから、その後に子音子〈ㄱ, ㄷ, ㅂ, ㅅ, ㅈ〉が来ると、その子音子の発音はそれぞれ〈ㅋ, ㅌ, ㅍ, ㅆ, ㅊ〉に変化)

> **例**
>
> 하얗고　　→　하야코
> 좋다　　　→　조타

③ 받침〈ㄱ/ㄷ/ㅂ/ㅅ/ㅈ〉の後に〈ㅎ〉が来ると発音は〈ㅋ/ㅌ/ㅍ/ㅌ/ㅊ〉に変わって〈ㅎ〉の場所に移動。

> **例**
>
> 육회　　　→　유쾨
> 입학　　　→　이팍

④ 받침〈ㄱ/ㄷ/ㅂ/ㅅ/ㅈ/〉の後に〈ㄴ/ㅁ〉が来ると発音は〈ㅇ/ㄴ/ㅁ/ㄴ/ㄴ〉に変わる。

> **例**
>
> 국민　　　→ 궁민
> 입니다　　→ 임니다

母音の合体

① ㅏ + ㅏ → ㅏ
③ ㅏ + ㅗ → ㅘ
③ ㅡ + ㅓ → ㅓ
④ ㅣ + ㅓ → ㅕ/ㅖ

文法の要

① 名詞 だ(이다/다)　　　　　です(입니다)

② 動詞・形容詞　　　　　　です/ます(ㅂ니다/습니다)

③ 助詞

④ 過去(었/았)　　　　　尊敬(시/으시)　　　未来(겠)

⑤ 会話体の丁寧語

名詞(에요/이에요) ─┬─ ~です
　　　　　　　　　└─ ~ですか

動詞・形容詞(어요/아요) ─┬─ ~です/~ます
　　　　　　　　　　　　├─ ~ですか/~ますか
　　　　　　　　　　　　├─ ~しましょう
　　　　　　　　　　　　└─ ~してください

⑥ 連用形 て(고, 어서/아서)

⑦ 連体形(後に必ず名詞が来る)

(받침 ㄹ, ㅂ, ㅎ 脱落)

(ㄴ/은 는 ㄹ/을 었던/았던 운/울/웠던)